販売員は夢を売る！

あなたの接客、おいくらですか？

髙橋伸枝 著

同友館

はじめに

ようこそ、いらっしゃいませ！　感謝の気持ちでお客様をお迎えし、タイムリーなアプローチで会話のきっかけをつくり、お客様の「なりたい姿」を共有し、「新しい自分」を発見してもらえるような提案をしてお買い上げへと導いていく。これが私の接客販売のスタイルです。

そのために、さまざまなテクニックを駆使するのがプロの販売員の仕事です。でも、テクニックよりももっと大事なものがあります。それは、人との出会いを楽しむという、単純で素直な「心」です。この心があれば、売上は必ずあとからついてきます。

お客様が同じお店にリピートする理由は、商品が気に入ったからというだけではありません。その商品に出会うきっかけをつくってくれた販売員との出会いがなければ満足も感動も生まれません。お店やブランドの印象は、店頭に立つ販売員が決めると思っています。「買ってくださってありがとう！」「売ってくれてありがとう！」と、お互いに感謝し合えるコミュニケーションが顧客づくりの大事な要素です。

次の来店の際に、「髙橋さん、あなたにすすめてもらったあの商品、とってもよかった。ありがとう」と、お礼を言っていただくことがよくありました。そしてその数だけ、売上も伸びていきました。私もお客様もお互いに、よろこびと感謝の気持ちでいつも笑顔でした。私たち販売員の仕事というのは、自分だけでなく周りの人たちも笑顔にできる仕事です。私はこの仕事が大好きで、この仕事に誇りを持っています。

もちろん、そうなるまでには苦労と失敗を重ねてきました。お客様に声をかけてもまともに受け答えしてもらえなかったり、一生懸命に商品説明をしても、「ありがとう。でも、今日はいいわ」と言われてしまい、なんで売れないの？　と悩む日々を過ごした時期もありました。

私は今、講師として販売員のみなさんと接していますが、あの頃の私と同じように悩んでいる人たちが大勢いることに胸を痛めつつ、逆に、大きな希望を感じてもいます。

なぜならば、そうした悩みはすべて、一流の販売員になる素質があるからこその悩みだからです。現状のままではうまくいかないと気づいているのですから、あとはどうすればいいのかに気づいてそれを実践すればいいのです。気づきを得たら、即実践――１人ひとり異なるお客様や個々の状況に応じた対応力を身につけることは、それほど難しいことではありません。

私は22歳で販売員の仕事に就いて、3ヵ月ほど悩んだ末にお客様から気づきを得て、実践してから3ヵ月ほどで目標額を達成できるようになりました。24歳で店長（当時の呼称はチーフ）になった際は、スタッフ全員で気づきを共有・実践したところ、店舗売上は5倍に伸びました（方法論は第2章に書きました）。私が講師になってからは、研修に参加してくださった販売員の方々が身をもってそのことを実証しています。

本書は、販売員にとっての大事な気づきと実践の仕方、一流と呼ばれる販売員に必要なテクニックのほか、店長としての指導の仕方についても説明しています。ぜひ、それらを参考にして、販売員としての自分をみがいてください。店長としてスタッフを導いてください。そして、お客様から「ありがとう」と感謝される販売員になってください。感謝されるお店をつくって、販売員としての幸せやこの仕事のすばらしさを実感してください。

お客様に感謝される販売員がふえていくことで、私たち販売員の社内的・社会的地位は確実に上がっていきます。「売れないと評価もしてもらえず、一日中立っているだけの大変な仕事」という誤解もなくなり、販売員の仕事に魅力を感じる若い人たちもふえていくはずです。

お客様から感謝される秘訣――それは、お客様の要望に応えるだけでなく、お客様の心に隠れている潜在ニーズを引き出し、そのニーズを満たす提案をすることです。それは、お客様に夢を与え、その夢をかなえるお手伝いをすることだと言い換えることができます。商品を活用してお客様の夢をかなえる。そうすることで、私たち販売員の未来も切り拓かれていくのです。

2015年12月

株式会社モードコンシェルジェ　代表取締役
髙橋　伸枝

［目　次］

はじめに……… i

第1部　販売員にとっての大事な気づき ………………………… 1

第1章　販売員の「心」が接客の価値を高める ……… 1
―即実践、売上アップ講座―

1．あいさつとアプローチの基本　―お客様にとって入りやすいお店― ……… 2
（1）心を込めたあいさつ　（2）心を込めたアプローチの言葉

2．話すのではなく、話してもらう　―情報収集とコミュニケーション― ……… 15
（1）販売テクニックの3大要素　（2）7・3の法則
（3）アクティブリスニングとパッシブトーキング

3．フィッティング ……… 25
（1）フィッティングの目的と販売員の役割　（2）クロージングへの導き方

4．イマジネーションがクロージングの決め手 …………29
（1）ストーリーを描く　（2）お客様のイマジネーションを刺激する
5．チャンスがピンチに変わるとき　―クロージングの盲点― …………36
（1）色やデザインで悩んでいるお客様から相談されたとき
（2）異なる商品でお客様が迷っているとき　（3）「高い」とお客様が言ったとき
（4）お客様が同じ質問をしてきたとき　（5）お客様が無言で考えているとき
6．お見送りとリピートの法則 …………51
（1）リピートしていただくために　（2）記録の作成と活用
（3）アフターフォロー
第2章　販売員は豊かな人生を実現できる！ …………65
―販売員のやりがい・よろこび、そして、未来―
1．接客はクリエイティブな仕事 …………66
（1）イマジネーションは人生を豊かにする　（2）物語をお客様とともに紡ぐ

（3）マスコミより口コミ
2．販売員の未来とゴール設定……………80
（1）熱い想いを伝える仕事　（2）キャリアアップの道筋
3．販売員のサクセスストーリー……………86
（1）すべての人に物語がある　（2）若き日の歩み
（3）誰にでも売上は伸ばせる
第2部　「一流」になるためのテクニック……………99
第3章　楽しいお買い物を演出するために……………99
1．お客様に寄り添った接客……………100
（1）売ろうとするから売れない　（2）お客様に対する使命を全うする
2．さりげなく情報を引き出す……………110

（1）意識しないことが大事　（2）仮説を立てて根拠を見つける

3．売ろうとせずに目標を達成する…………117

（1）売上額を目標にしない　（2）目標は押しつけない
（3）ワークスケジュールの組立て方

4．苦手なお客様を楽しむ…………125

（1）苦手なお客様は誰にでもいる　（2）接客難民を救え！

第4章　モチベーションなくして人は動かず

…………137

1．お客様をやる気にさせる…………138

（1）お客様だって販売員をよろこばせたい
（2）お客様のやる気を削ぐNGワード　（3）買う理由を提供する

2．ユーモアは心のリラクゼーション…………148

（1）ユーモアの力　（2）お客様との関係づくり

3．信頼・承認・尊重の3原則 …………154
（1）信　頼　（2）承　認　（3）尊　重

第5章　コミュニケーションは人生最強の武器 …………167

1．コミュニケーションは感度が命 …………168
（1）聞く感度　（2）話す感性　（3）共有と共感

2．クレーム対応 …………181
（1）クレームは悲しみの表れ　（2）クレームの種類と対応
（3）失敗したお買い物

3．空気は読まないほうがいい …………189
（1）KY恐怖症の人たち　（2）プロの知識と経験は空気に勝る

4．電話こそがコミュニケーションの基本……………197
—顔が見えないメリットとデメリット—
（1）電話のメリット（2）電話のデメリット
（3）電話でつないだご縁を育てる

おわりに…………210

〈コラム〉
提案は、お客様の普段の姿を知ってから……12
夢を与えるブランドストーリー……63
笑顔が出せない販売員がいたら……133

第1部 販売員にとっての大事な気づき

第1章 販売員の「心」が接客の価値を高める

―即実践、売上アップ講座―

1 あいさつとアプローチの基本
―お客様にとって入りやすいお店―

(1) 心を込めたあいさつ

お客様の心をポジティブに導く

いらっしゃいませ――。

お客様に「ようこそ」の気持ちを込めて、この言葉が言えていますか? あいさつには人の心にポジティブな働きかけをします。歓迎の意を込めた「いらっしゃいませ」は、お客様を「このお店で買い物をしよう」という気持ちにさせます。仮に、心が込められていないとしたら、それはあいさつではなく、お客様に言葉を投げつけているにすぎません。このような心のない言葉は、あいさつとは逆のネガティブな働きかけをします。

よくあるケースなので注意してほしいのが、お客様の気配を感じて条件反射で言う「いらっしゃいませ」です。条件反射には、心を込めることはできません。これはあいさつに限ったことではありません。私たち販売員には、「何をお探しですか」「お似合いですよ」など、反射的に口にしてしまうおきまりのフレーズがいくつもあります。こうした事務的な言葉では、お客様の心をお買い上げという方向に動かすことはできません。私たちの仕事はお客様の心を、素敵だな、欲しいな、買おうかな――という方向に導いていくことです。ですから、お客様の心をポジティブな方向に向ける最初のあいさつは、とても大事です。ここでつまずくと、あとの修復作業が大変です。

待機

あいさつがきちんとできているお店というのは、お客様にとって入りやすいお店でもあります。こうしたお店では、お客様が入店なさる前から販売員がお客様の気配を感じとり、あいさつをする準備を整えています。それが、**図表1**にある「待機」です。

待機というのは、お客様の気配を感じて「お出迎え」の準備をする段階です。ここで注意することは、この時点ではお客様に無理なアイコンタクトをしたり、お出迎えをアピールするかのように入り口に立ったりしないということです。なぜならば、そうしてしまうと、お客様にある誤解を与えてしまうかもしれないからです。売ろうと待ち構えている販売員――悲しいことですが、入店前のお客様の目には私たちの姿がそう映ってしまうことがあるのです。お客様は、入りづらいお店だと感じてしまいます。

私たちはこの段階では、お客様に直接的な働きかけはしません。お客様の気配を感じたら、「ぜひ入店なさってください」と願いながら、動きのある待機姿勢で商品の整理や手入れなどをして、お客様の入店の一歩を待ちます。これは、お客様を無視することではありません。お店の活気やお客様に対する気遣いを演出して、お客様が入店しやすい雰囲気をつくるために行うものです。待機とは、お客様への無言のアプローチなのです。ですから、お客様から見えないところに隠れたり、棒立ちのまま入り口とは違う方向を見ていたり、販売員同士でおしゃべりをしているというのは、待機ではありません。

お出迎え

お客様が入店なさったら、次の手順であいさつをします。

① 作業の手をとめる。

② お腹（心）の中で「ようこそ、いらしてくださいました」とつぶやく（↓自然な

図表１　接客フロー

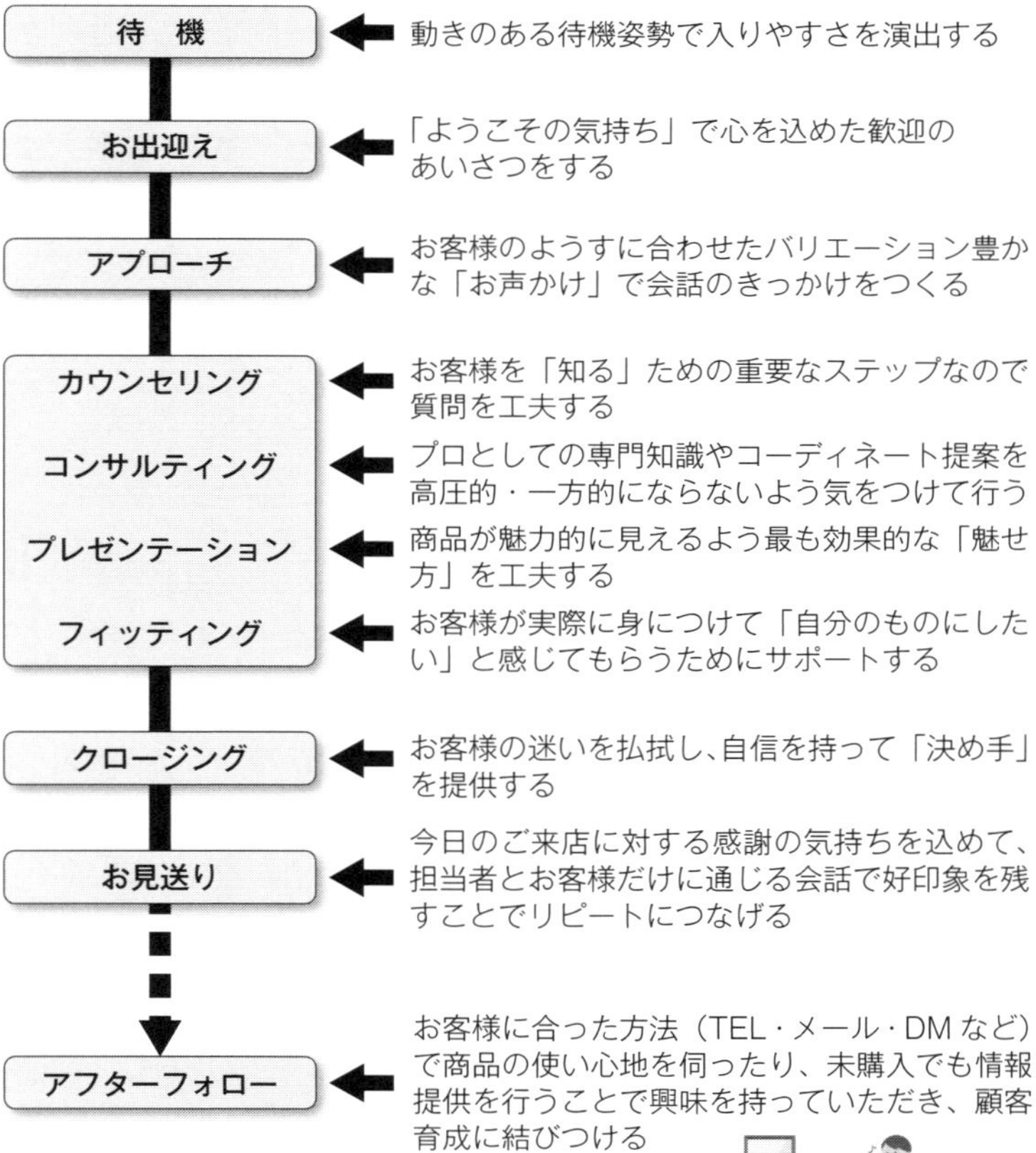
待　機
動きのある待機姿勢で入りやすさを演出する
お出迎え
「ようこその気持ち」で心を込めた歓迎のあいさつをする
アプローチ
お客様のようすに合わせたバリエーション豊かな「お声かけ」で会話のきっかけをつくる
カウンセリング
お客様を「知る」ための重要なステップなので質問を工夫する
コンサルティング
プロとしての専門知識やコーディネート提案を高圧的・一方的にならないよう気をつけて行う
プレゼンテーション
商品が魅力的に見えるよう最も効果的な「魅せ方」を工夫する
フィッティング
お客様が実際に身につけて「自分のものにしたい」と感じてもらうためにサポートする
クロージング
お客様の迷いを払拭し、自信を持って「決め手」を提供する
お見送り
今日のご来店に対する感謝の気持ちを込めて、担当者とお客様だけに通じる会話で好印象を残すことでリピートにつなげる
アフターフォロー
お客様に合った方法（TEL・メール・DMなど）で商品の使い心地を伺ったり、未購入でも情報提供を行うことで興味を持っていただき、顧客育成に結びつける

注：カウンセリング・コンサルティング・プレゼンテーション・フィッティングは、順番を示したものではありません。どこから入るかは、お客様によって異なります。

笑顔になる)。

③　笑顔の軽いアイコンタクトで、「いらっしゃいませ」と言う。

これが、数あるお店の中から、よくぞ私のいるお店・ブランドを選んでくださいましたという、感謝と歓迎の意を込めた「いらっしゃいませ」です。

作業の手をとめて、お腹の中でつぶやくことが重要です。ほんの一瞬の間をとってでも「心の準備」をする習慣を身につけてください。このあいさつによってお客様は、作業をとめて自分を優先してくれたと感じ、「来てよかった。このお店で買い物をしよう」と思うのです。ちなみに、手を休めず、お客様を見ることもせずに言う「いらっしゃいませ」は、お客様にとても悪い印象を与えるのでやめましょう。

(2)　心を込めたアプローチの言葉

お客様を無反応にさせない

いらっしゃいませ、何かお探しですか――。

アプローチの際、多くの販売員が口にする言葉です。どのお客様に対してもこのように声をかけるワンパターンのアプローチには、心がありません。この事務的なアプローチによって、どれだけ多くのお客様が何も買わずに帰ってしまっているか、あなたは考えたことがありますか？

「何かお探しですか」というアプローチは、明らかに何かを探しているお客様にするのであれば、それなりの意味があります。しかし、同じアプローチをしても、「いえ、別に……」と、それ以上は答えてくれないお客様もよくいます。このような場合、多くの販売員は、店内を自由に見ていただこうと、接客をあきらめます。そして、しばらくすると、そのお客様がお店からいなくなっていることに気づき、こう思います――やっぱり、買う気がなかったんだ！

私たちの業界では、こうしたお客様のことを「無反応なお客様」と言いますよね。でも、その考え方も応対も、すべて間違いです。まず、お客様は普段から無反応な人なのではなく、あなたの的外れなアプローチの言葉に戸惑って、何も答えられなかっただけです。お目当ての商品がなくても、ふらっと来店されて店内を見て回るお客様は大勢います。そのようなお客様が、「何かお探しですか」と声をかけられても、答えられるはずがありません。次に、自由に店内を見て回ってもらうというのは、単にお客様をほったらかしにしているだけです。そして、お客様が帰ってしまった理由は、はじめから買う気がなかったからではなく、買う気どころか見る気までしぼんでしまったからです。本当は、「いいものが見つかれば、買いたいな」という気持ちで来店されたはずです。

私は接客の講師として現役販売員のみなさんとご一緒する機会がよくありますが、その際に受ける質問で最も多いのが、無反応なお客様への応対の仕方です。相当、悩んでいるみたいですね。でも、その原因が自分にあることに気づいていただけたと思います。

お客様に対する心があれば、その時のお客様の行動から、お客様が何を望んでいるのかを推測できます。すると、声をかけるタイミングがわかり、アプローチの言葉もそれに合わせて変わっていきます。私たちが心を込めた言葉でタイムリーにアプローチをすれば、無反応なお客様は限りなくゼロに近づいていきます。

ただし、お客様の中には、自分ひとりで欲しいものを選びたいという方もいます。そうした意思表示をしたお客様に対しては、その意志を尊重して、つかず離れずの距離感を保ちます。遠巻きに見守りながら、お客様のようすに気を配ってください。そうすると、お客様から「ちょっと……」と呼ばれたとき、あるいは呼ばれる前に、すぐに対応することができます。

アプローチテクニック

心とともに、プロとしてのテクニックをみがくことも大事です。テクニックのポイントは、お客様に「ちょうどいいところに来てくれた」と思っていただけるタイミングを見きわめたうえで、お客様の関心を引いたり、助けになる言葉をかけることです。アプローチのタイミングと言葉は、お客様の行動からある程度パターン化することができます。

①　お出迎えのあと、立ちどまることなく店内をぐるぐると見て回っているお客様

どの商品にも特別な関心を示していないお客様ですが、まずはゆっくり店内を見ていただいて、ほったらかしにならないタイミングで声をかけます。これまでのように「何かお探しですか？」ではなく、次のように「はい」「いいえ」で答えられる質問をします。お客様の答えがどちらであっても、明確な答えを引き出せるので、それに応じて話を続けることができます。

「お気に召したものはございましたか？」

「お探しのものは見つかりましたか？」

②　**一度見ていたディスプレイ（陳列棚など）にもう一度見に戻ってきたお客様**

そのコーナーの商品に関心がある証拠です。すぐにアプローチします。

「ご一緒にお選びいたしましょうか？」

「ぜひ、身につけてご覧くださいませ」と言いながら、商品を出します。言葉と行動が伴って、心を込めたアプローチになります。

③　**バッグやアクセサリーなどの特定の商品をご覧になっているお客様**

その商品の機能やデザイン、ブランドストーリーなど、プロならではの商品知識を話題にして声をかけます。その際、商品を出して身につけてもらうことも大事です。

「そのネックレスはアジャスターが3段階に分かれていますので、お洋服に合わせて使い分けが可能です」

「そのバッグのモチーフはデザイナーが一番好きだったお花で、永遠の幸せを意味します」

④　**ご自分で鏡の前で服を合わせているお客様**

すぐにアプローチします。鏡を見るお客様の表情なども参考にしながら、アプローチの言葉を選びます。

「ぜひ、お召しになって着心地をお確かめくださいませ」と声をかけ、試着室へ誘導します。

「どんな時にお召しになるジャケットをお考えですか?」

⑤「これ、見せてくれる?」とストレートに言ってきたお客様

お客様からのアプローチです。

「はい、かしこまりました。どうぞお手にとってご覧くださいませ」と答えながら、速やかに商品を出します。そして、商品を手渡す際に、「こちらのデザインはこの秋冬のファッションに合わせた、丈が短めのデザインです」というように、簡潔なプレゼンテーションを添えてお客様の反応を確かめます。

⑥してはいけないパターン

たとえば、黒のパンツスーツを見ているお客様に、「そちらは黒のパンツスーツでございます」と、誰が見てもわかるようなことを言ってはいけません。このような場合は、「そちらの黒のパンツスーツは伸縮性もあり、しわになりにくい素材ですので、長時間の移動にもピッタリです」と、見ただけではわからない商品情報を提供します。お客様に試着していただいたうえで説明すると、説得力が増します。

アプローチの言葉には、**図表2**のようにさまざまなバリエーションがあります。アプローチはお客様と親しくお話をして、長いおつき合いをしていくためのきっかけづくりです。笑顔のアイコンタクトで、心を込めたアプローチを実践してください。

〈コラム〉　**提案は、お客様の普段の姿を知ってから……………………**

私のお買い物体験を紹介します。あるお店でスカートを見ていたら、販売員の女性からこんな言葉でアプローチを受けました。

「今日のお客様のジャケットにぴったりですよ、そのスカート」

次に、セーターに手をかけたら、こう言われました。

「そのセーターも今日のジャケットのインナーにピッタリです」

確かに、どちらも似合っていたかもしれません。しかし、私はこう答えました。

「私、今日のジャケットに合わせるスカートやセーターを探しにきたんじゃないんで

図表2　アプローチのバリエーション

感性

- 個性的なデザインでしょう？
- 秋冬らしいシックな色ですよね

誰しもがそう感じるであろうことからYESを引き出す

仮説を立てる

- お仕事でお使いになるのですか？
- 連休はどちらかにご旅行ですか？

時期を考慮したり、見ている商品から想像するので、はずれても問題ない

ほめる

- 素敵なバッグですね
- おしゃれなネイルですね

本当にいいと思ったことが見つかればそのまま伝える

状況

- お仕事帰りですか？
- たくさんお買物なさったんですね！

来店時間・曜日を考慮したりお客様のようすに合わせる

情報提供

- ○○に掲載されたコーディネートしやすいセーターです
- このジャケットはストレッチがきいています

見ただけではわからないことを伝える

すけど……」

今日はたまたまこのジャケットを着ているけど、普段は着ていないし、どうして今日の服装だけで決めつけるのかな……。そう思いました。

今日のお客様がその人のすべてではありません。こういう場合は、次のように言います。

「たとえば、今日のようなジャケットに合わせると、シックな印象になりますよ」

「たとえば」という言葉をつけて、こんなコーディネートをしたら、こんな風に見えますよと、プロとしてのアドバイスをするのです。これが会話の糸口にもなりますし、お客様のイマジネーションもかき立てられるので、会話がスムーズに進んでいきます。

そうなったら、適切なタイミングで次のように質問します。

「普段はどのようなものをお召しになっていらっしゃいますか」

これは、大事な質問です。普段のお客様と今日ご来店の目的をマッチさせないと、お客様をその気にさせる提案はできません。

2 話すのではなく、話してもらう
―情報収集とコミュニケーション―

（1）販売テクニックの3大要素

アプローチからの自然な流れで、①カウンセリング（質問）、②コンサルティング（知識）、③プレゼンテーション（提案）をしていきます。私はこの３つを合わせて販売テクニックの３大要素と呼び、どの研修でも力説しています。

まず、注意してほしいことは、①～③で示した順番で接客をする必要はないということです。お客様の要望などその時の状況に応じて、プレゼンテーションからでもコンサルティングからでも、どこから入ってもかまいません。大切なことは、アプローチからの自然な流れと、これら３つのバランスを上手に保つことです。これらがうまく重なり合ったときに、お客様に商品と満足をお持ち帰りいただくことができます。

もう1つの注意点は、①～③のいずれも、基本は会話で行うということです。カウンセリングだからとお客様を質問攻めにしたり、プレゼンテーションだからと一方的な商品説明をしたりしないように注意してください。

カウンセリング

お客様のことを知り、お客様におすすめすべき商品を探し出すために必要な情報の収集をすることが大きな目的です。そのほかにも、お客様が抱いている商品についての不安など、相談を受ける際にも行います。

お客様の話を聞くときは、無心で聞きます。こちらからは、なんの意見も挟みません。お客様に自分のことをたくさん話してもらうことが大事です。そのため、カウンセリングでは、質の高い質問が求められます。それは、仮説を立てたうえでの質問であったり、時には、お客様自身が気づいていない不安や要望を引き出すための質問であったりします。

コンサルティング

お客様が知りたいこと、必要としている情報をプロの立場から提供することです。それによって、お客様が抱える不安や疑問を解決します。たとえば、素材の知識、コーディネートの知識のほか、自社製品だけでなく、ファッション全般、メイクアップやヘアスタイルなどの周辺知識を身につけておく必要があります。豊富な話題の提供もプロの技の１つです。

プレゼンテーション

商品を魅力的に見せるためのテクニックです。アプローチの際、お客様が商品説明を求めてきた場合はすぐに商品説明に入りますが、そうでない場合はカウンセリングをしてお客様の情報を得たうえでプレゼンテーションを行います。その際は、なぜその商品がお客様に最適なのか、お客様と商品がどのように結びつくのかを根拠を添えて説明します。そうすることで、お客様はその商品により関心を持つようになり、欲しいという方向に心が傾きます。

また、ブランドストーリーやヒストリーがあれば、それについて語ります。それによって、商品の魅力を伝えることができます。

プレゼンテーションでは、商品が一番輝いて見える工夫をします。それは、使う状態でお見せすることです。時計は腕につけて、指輪は指にはめてこそ輝きます。ケースの中に入ったままでは、商品は「もの」でしかありません。お客様に試着を促し、お客様の感想を伺い、プロとしてのアドバイスや提案をするのもプレゼンテーションの一環です。

(2) 7・3の法則

会話では、お客様の話が7割、販売員が3割(7・3の法則)になるように注意します。そうしないと7・3が逆転することがあります。しゃべりすぎたと気がついた時点で、お客様に自分のことを語ってもらうように軌道修正しましょう。

ただし、コミュニケーションで成り立つ接客は、数学や物理のように数字によって結果が導き出されるものではないので、数字にこだわりすぎないでください。7・3は、販売員が話しすぎてはいけないことを自覚するための目安であり、お客様に気持ちよく会話をしていただくための目安です。

販売員の話を3割程度に抑えるために、話すべきことを話さずに、つじつまを合わせることはしないでください。話すべきことはしっかり話します。

話すときはまず、お客様を聞く状態にしてからです。たとえば、カウンセリングの最中にお客様の言葉に反応して、「それについてはですね」と、話に割り込んではいけません。最後まで話を聞いて、お客様が伝えようとしていることをきちんと受けとめ、次の話題に話を切り替えてもいい状態にしてから話します。そのためには、次のアクティブリスニングとパッシブトーキングを心がけるといいでしょう。

（3）アクティブリスニングとパッシブトーキング

アクティブリスニング

話を「聴く」ためのテクニックです。アクティブリスニング（積極的傾聴）というのは、相手に、①もっと話を聞かせてください、あなたの話は楽しくて興味深いですというメッセージを送る、②私はあなたの話をしっかり聞いていますという合図を送る——ことによって、相手が気持ちよく話せるようにするテクニックのことです。

①では、相手の話を掘り下げる質問をしたり、表情によってその気持ちを伝えます。

②では、頷く・相づちを打つ・「そうですよね」と共感の言葉を送るほか、表情を豊かにペーシングも行います。ペーシングというのは、相手の話す速さ、声の大きさ、表情などを相手のペースに合わせることです。相手のペースに合わせることで、信頼関係を築くことができます。

たとえば、お客様が満面の笑みで楽しそうに話していたら、こちらも満面の笑みで話を聞き、話すときはお客様と同じ速さ、声の大きさで話します。逆に、お客様が悲しんでいたら、こちらはお客様と同じ悲しみの表情で話を聞き、話すときもお客様の話し方に合わせて話します。お客様が怒っているときは、お客様の怒りの度合い、相手の気分の盛り上がり度に合わせて謝ります。

「きく」という行為は本来パッシブ（消極的・受動的）な行為ですが、接客ではアクティブ（積極的・能動的）な行為として、こちらからも相手に働きかけます。

パッシブトーキングとハートフルトーキング

アクティブリスニングとは逆に、話すというアクティブな行為をパッシブな行為として行うのが、パッシブトーキングです。接客中は、商品説明などお客様に話さなければならないことがたくさんありますが、話すことに夢中になって、話が販売員からお客様への一方通行にならないように、相手のことを気づかいながら話をするのが、パッシブトーキングです。

また、話す際は、心が相手に伝わり、言葉が相手の心に残る話し方をします。それが、ハートフルトーキングです（**図表３**）。

接客における２・６・２

２・６・２というのは、アプローチからクロージングまでの、お客様と販売員の行為の割合です。販売員が話をするのが２割、お客様が話をするのが６割、販売員がお客様を観察するのが２割となります。会話は言葉だけで行われるものではありません。相手の反応を見ることによって、双方向のコミュニケーションが可能になります。

まずは、次の点を念頭に置いて接客に役立ててください。

①　販売員にとって、話すこととお客様を観察することは、同じように大切なことです。

②　接客において、お客様の話すという行為が一番尊重されます。ですから、販売員

図表3　ハートフルトーキング（心に残る話し方）

1．簡潔にわかりやすく話す

結論から先に伝えることで誠意が伝わり聞く気にさせる！

★　こちらは雨の日は避けていただいたほうがよろしいと思います。
はっ水の加工はしておりますが、防水ではございません。

2．共感を伝える言葉を工夫する

自分のことをわかってくれる人だ、と安心感を与える！

★　なるほど、○○様のおっしゃるとおりですね。私も同じ経験がありますので、お気持ちよくわかります

3．お客様の答えから話をつなげる

質問を一方的に続けないよう1つの質問の答えを利用して関連させていく！

★　普段はどんなファッションが多いですか？→ 仕事柄、スーツが多いかしらね……

○　そうですか…パンツスーツですか…スカートでしょうか？
↓
パンツスーツが多いわね
↓
と、言いますと出張なども多いのですか？

×　そうですか…ニットなどはお持ちですか？
↓
…少しは持ってるけど…
↓
じゃ、こちらなんかいかがですか？

4．表現力をみがく

イメージを具体的に伝えることで期待感が生まれる！

○　デニムに合わせるとカジュアルシックな印象で、シルクに合わせればドレッシーに着こなせます

×　デニムにもシルクにもどちらにも合わせられます

5．クッション言葉を活用する

気遣いのクッション言葉でお客様の気持ちをオープンにする！

★　お客様ならとっくにご存知のことと思いますが…

★　お客様ならすでにお持ちかと思いますが…

6．顔と声の表情を使って話す

表情は無意識に心のうちにあるものを表すので意識して演出する！

★　とてもお似合いです！

○ 　明るくメリハリをつけた声のトーンを意識する

× 　フラットな声で静かに淡々と言う

は聞き役に回ることを常に心がけて接客をします。

③　大事なのは、数字合わせではありません。お客様が気持ちよく話をして、気持ちよくあなたの言葉を聞いて、「これいただくわ！」と言いたくなる状況をつくることです。

２・６・２という考え方は、次のような体験を繰り返した結果、生まれました。これは私だけでなく、みなさんも体験していることだと思います。

たとえば、あなたがお客様とスカートを見ながら会話をしている場面を思い浮かべてください。あなたがそれとなくおすすめすると、お客様は「いいわね」と答えます。あなたはお客様が興味を示したと思って、商品説明を始めます。その説明の１つひとつに、お客様は頷いています――これはいける！　そう思ったら、説明にも力が入ります。それに合わせるように、お客様の頷きも力強いものになっていきます。それなのに、いざ、クロージングの場面になると、お客様はこう言います。

「ありがとう。また、来るわ」

意外な答えに、あなたは拍子抜けしてしまいます。あんなに話を聞いてくれたのに、なんで買ってくれないの？

でも、こうした場面を横で見ていると、これが当然の結果だということがわかります。お客様は、話を聞いていたのではありません。お客様はあなたの話をさえぎることができなかっただけなのです。あなたはそのくらい話すことに夢中になってしまい、お客様の表情や仕草が目に入らず、お客様がその商品に興味を持っていないことに気づかなかったのです。

接客において一番尊重されなければならないのは、私たちが話すことではなく、お客様が話すことです。ですから、あなたが話をしたら、お客様にはそれ以上話していただくようにしてください。そうすれば、お客様の気持ちがよくわかります。そして、お客様の気持ちがわかれば、お客様が本当に必要としているものも見えてきます。結局のところ、お客様に話していただくようにすることが、お買い上げいただくために一番有効な方法なのです!

3 フィッティング

（1）フィッティングの目的と販売員の役割

よさを実感していただく

フィッティング（試着）の目的は、お客様に商品に触れていただき、そのよさを実感していただくことです。ですから、私たちは、お客様に商品を身につけていただくだけでなく、次のようにして、お客様が商品のよさを実感できるようにお手伝いします。

①ブランドストーリーやデザイナーにまつわる開発秘話や背景、商品の特徴など、その商品を扱っている販売員しか知り得ない情報を提供する。
②コーディネートのバリエーションを提案して、お客様の夢をふくらませる。
③会話などで得たお客様情報をもとに、お客様と商品のマッチングポイントを伝える……マッチングポイントは、お客様に商品をおすすめする根拠であり、クロー

ジングの決め手にもなるところです。詳細は、次節の「イマジネーションがクロージングの決め手」を参考にしてください。

④　お客様の選択を褒める。

逆に、次のことは絶対にしないでください。

× 黙って見守る……職務怠慢です。

× 商品説明を延々と続ける……2・6・2の法則を思い出してください。

× 「お似合いですよ」「素敵ですよ」を連発する……耳にタコです。本当に似合っているのであれば、その根拠をお客様に説明してください。

× 試着室のドアやカーテンの向こうから「いかがですか〜?」と声をかける……お客様には「買いますか〜?」と聞こえます。できれば、お客様がドアやカーテンを開けるまで待ちましょう。もしも、声をかけるのであれば、「丈はいかがですか?」「サイズはいかがですか?」と、何がいかがなのか主語をつけてください。そうしないと、お客様は何と答えていいのかわかりません。一番よくないことは、ドアやカーテンを開けたとき、そこに誰もいないことです。販売員はお客様のサポート役であることを忘れないでください。

お客様の反応を見る

フィッティングによってお客様の心がお買い上げに傾きかけた場合、多くのお客様は次のような反応をします。

①　気に入った商品は他の商品に比べて身につけている時間が長い……さらに、身につけている時間が長いほど愛着がわき、自分のものにしたくなる心理が働きます。

②　外したアクセサリーや脱いだ服などを無意識に自分に近い場所に置く……何度もその商品を見たり、他の商品と比べて見ている時間が長かったりします。

③　試着したまま、ドアやカーテンを自分から開けて出てくる……すそ上げなどのお直しや販売員の意見を聞きたいときです。購入の意思が固まりつつあるので、お客様をひとりきりにしないよう、いつ声をかけられてもいいように、気配りしながら外で待機してください。

逆に、気に入らないものや興味のないものの場合は、時計やアクセサリーであればすぐに外したり、服であれば試着室からさっさと出てきたりします。さらに、目線も興味のないものには注がれません。

（2）クロージングへの導き方

フィッティングも最終段階になると、それまで商品のいいところを見ていたお客様の目が、商品のネガティブな面を探しはじめます。そして、気になるところ（不安を感じるところ）を見つけると、その部分に手をあてたり、じっと見たりします。

たとえば、お客様がジャケットの襟を立てたり折ったりしながら、体の向きを変えて襟をチェックしていたとします。このような場合はまず、お客様から襟に不安があるというメッセージが送られていると思ってください。ただし、本当にそうだと言える証拠はないので、「襟が少し気になりますか？」と確認します。

別の場面を想定してみましょう。今度はネックレスのフィッティングで、お客様が何度もトップの位置を鏡で確認していたとします。この場合も、メッセージが送られていると思ってください。トップの位置をどこにしたらお客様が満足するのかを考えて、もう少し下にしたいのかなと思ったら、「もう少し長いほうがよろしいですか？」と確認します。

すると、どちらのケースでも、お客様から同じような反応が返ってきます。

「よくわかるわね、そうなのよ！」

さすがプロだと、お客様は思ってくださるに違いありません。

商品に気になるところを見つけたお客様は、それを解決しない限り、お買い上げには到りません。しかし、お客様はそうした不安を販売員に言わないことがあります。ですから、私たちがそれに気づいて、お客様の不安を取り除いていかないといけません。

4 イマジネーションがクロージングの決め手

（1）ストーリーを描く

おすすめする根拠の見つけ方

クロージングで大切なことは、根拠を添えて商品をおすすめすることです。この根拠がお客様の心をお買い上げに導きます。イマジネーションを働かせることで、この根拠を見つけることができます。お客様が関心を示した商品や、お客様に使っていただいたらよろこんでもらえそうな商品があったら、会話などから得たお客様情報をもとに、その商品を使っているお客様の姿を、たとえば次のように、頭の中に思い描いてみます。

お客様のライフスタイルだと、この商品は、こんな時、こんな場面で、こんな風に使っていただいたら便利だし、お客様によろこんでもらえるんじゃないかな。色は、お客様の好きな色より、お客様の好きな色と合わせやすい別の色のほうがいいかな――。そのような感じでコーディネートもしながら、お客様が生活の一場面でその商品を使っている姿をストーリーとして描いていきます。

その結果、お客様の輝いている姿やよろこんでいる顔がイメージできたら、それが、お客様が本当に必要としている商品です。そして、ライフスタイルや使う場面、コーディネートの仕方など、あなたが描いたストーリーが、その商品をおすすめする根拠となります（お客様と商品のマッチングポイント）。なぜこの商品がいいと思うのか、お客様がこれを手にすることでどんなメリットがあるのかを伝えます。こうすることで、「お似合いです」「皆様によろこんでいただいております」というような事務的なセールストークではなく、そのお客様にしかあてはまらない言葉（心を込めた言葉）で商品の魅力を伝えることができます。

お客様1人ひとりのストーリーを描く

ライフスタイルや好み、必要としている商品などはお客様ごとに異なるので、ストーリーはお客様ごとに違ってきます。また、同じお客様でも、リピートするごとにその内容は変わっていきます。ですから、1つとして同じストーリーはないでしょう。しかし、確かな商品知識と効果的な使い方をしっかり理解していれば、お客様の状況に合わせてイマジネーションを働かせ、そのつど新しいストーリーを描くことができます。

これができるようになっていくと、お客様をお迎えした瞬間に、その日のお客様にふさわしい商品が頭の中にリストアップされるようになっていきます。ただし、この段階ではまだ仮説なので、会話を通してこの日おすすめするにふさわしい商品とその根拠を見つけていきます。

新製品の提案の仕方

新製品を提案することは、ビジネスとしてとても大事なことです。しかし、その理由が「新製品だから」というのは会社の都合であって、お客様が本当に必要としているものだという根拠にはなりません。ですから、新製品が好きでそれを目的としたお客様でない限り、お買い上げの理由にはなりません。まずは、お客様が自分に必要かどうかを判断できるように、新製品のよさや特徴と既存品のよさや特徴を公平に紹介する必要があります。

また、お客様に似合うのはたまたま当社の新製品でした、というお客様の都合に合うストーリーをつくることも可能です。これがテクニックです。お客様のライフスタイル、旅行に行くなどの直近の予定、好みなど、お客様のことを知れば、それらと新製品がどのようにリンクするかを思い描くことができます。そうすれば、こんな時、こんな場合にお客様にとってふさわしいのはこの新製品です、というストーリーをつくることができます。

（２）お客様のイマジネーションを刺激する

お客様に不安を与えない

あと少しでお買い上げというところまできているのに、「今日はいいわ」と言われてしまうことがあります。もったいないですね。この場合、あなたのイマジネーション力でお客様のイマジネーションをいい方向に刺激すれば、お買い上げにつながります。その例として、私のお買い物体験を紹介します。

販売員の女の子が、「この色はいかがでしょうか？」と言って、私にジャケットを見せました。

「えっ？」と、私は驚きの声をあげてしまいました。今まで手にとろうとも思わなかった色のジャケットだったからです。でも、素敵なジャケットです。その色がきらいなわけではありません。ただ、自分のイメージには合わないと思っていただけです。私は彼女の提案に興味を持ちました。彼女は私とそのジャケットを結びつける何かを感じ、彼女の中で新たな私が創造（想像）されているのかもしれません。そうであれば、私は今まで知らなかった私、新しい私に気づかせてもらえるのです。

「でも、こんな色、今まで着たことない……」

私はそう言うと、期待に胸をふくらませながら、彼女の答えを待ちました。

「お客様、冒険してみませんか？」

期待はあっさり裏切られてしまいました。なんで、私が冒険しないといけないの？ その色は私にとって冒険なの？ 10万円のジャケットをそのような理由で買うとしたら、宝くじに当たったときくらいよ！ という気分になってしまいました。

もっとも、彼女が冒険と言ったのは、あながち間違いではありません。冒険には危険がつきものです。この場合の危険に、①似合わない、②使わない、③むだな買い物になるかもしれないということです。

販売員の仕事はこうした不安を払拭することなのに、彼女は逆に私の不安をかき立てるようなことを言って、それでおしまいだったのです。私のイマジネーションを負の方向にかき立ててしまいました。

でも、接客はいい線いっていました。だからこそ、おしい！ 私の知らない私を発見してほしかったとまでは言いませんが、冒険という言葉を使うのであれば、たとえば次のように、私の不安を払拭してくれる一言を添えてほしかったですね。

「お客様にとっては冒険かもしれませんが、初めてお会いする私から見たら、お客様のボーイッシュな雰囲気に甘さが加わって、とてもおしゃれです」

そうすれば、あとは私が勝手に、このジャケットは私に似合うんだ、家にあるあのパンツに合わせようかな――というように、楽しい気分でイマジネーションをふくらませることができたのです。私はこれを、イメージによるプラセボ効果と呼んでいます。

イメージによるプラセボ効果

プラセボとは、なんの効果もない（毒にも薬にもならない）偽物の薬のことです。それなのに、病気の人に薬だと言って飲ませると、症状の改善が見られることがあります。この現象をプラセボ効果と言います。もともとは医学・薬学の世界の言葉ですが、一般的にも、よく使われていますよね。

接客では、イメージによるプラセボ効果があります。たとえば、飲食店の場合、たとえ行列のできるお店であっても、いやな接客を受けたらおいしいとは感じませんよね。これと同じように、感じの悪い美容部員から買った美容液は効果がないけれども（それどころか、実際にはかぶれていなくても、肌に合わないような気がします）、感じのいい美容部員から買った美容液を使うとシミがうすくなります。つまり、接客の印象が商品に投影されてしまうのです。

印象のいい接客をすれば、おすすめした商品にいいイメージが湧き、いいと思っているからプラセボ効果でよりよい結果になります。逆に、接客の印象が悪ければ、おすすめした商品に悪いイメージがつきまとい、それがふくらんで負のプラセボ効果が起こります。時には、先ほどの事例のように、「冒険」という一言が負のイメージをかき立てて、せっかくいい接客をしていたのにお買い上げに到らないということも起こります。

私たちの仕事は、お客様のイマジネーションがいい方向に向かうように、お客様とかかわっていくことです。お客様がいい方向にイマジネーションを働かせていくと、私たちがおすすめした商品が、お客様にとって「思い入れ」のある商品になっていきます。

5 チャンスがピンチに変わるとき
―クロージングの盲点―

お客様が購入の意思を示しているのに、それに気づかない。あるいは、欲しいというサインを出しているのに、それを読みとれない。そのために適切な応対ができず、せっかくの販売のチャンスを逃してしまう場面をよく目にします。お客様にしてみれば、ラブコールを無視されたようなもので、欲しい気持ちがしぼんでしまいます。

ほとんどの場合、販売員は今がチャンスだと気づかずに、無自覚のまま、チャンスをピンチに変えています。そして、無自覚なために気づきが得られず、同じ失敗を繰り返します。次のような場面に遭遇したら、注意してください。

（1）色やデザインで悩んでいるお客様から相談されたとき

相談は信頼されていることの証し

次の場面を想像してください。お客様が全く同じデザインで色違いの３つのバッグ（服でもかまいません）を比較して、どれにしようか悩んでいました。どれも気に入っていて、買う気が十分に感じられます。すると、お客様があなたに、どれがいいと思うか相談してきました。あなたは何と答えますか？

次のような答えをしている人は、チャンスをピンチに変えています。

「どれもお似合いになりますので、あとはお客様のお好みです」

お客様は、冷たい販売員だなとがっかりしてしまいます。信頼しているからこそ、意見を求めたのに、まともに答えてくれない……。

お客様がどれにしようか迷った末に、どれがいいかあなたに相談してきたら、それは、お客様があなたのことを信頼しているというメッセージです。あなたがそれを受けとめずに、「どれもお似合いになります。あとはお客様のお好みです」と答えるのは、「自分で考えろ」と突き放しているのと同じことなのです。

お客様に決め手となるヒントを与える

このような場合、あなたがプロとしていいと思うものを、たとえば次のように根拠を添えて、自信を持っておすすめするのが正しい応対です。

「お客様は、モノトーンのお洋服が多いということですので、私はこちらのブルーのバッグをおすすめいたします。バッグという機能面だけでなく、ワンポイントのアクセントとしてもおしゃれだと思います」

すると、お客様はたいていの場合、次のいずれかの反応を示します。

「あなたの言うとおりね。じゃあ、これにするわ」と、お客様はあなたがおすすめしたバッグを購入します。

あるいは、「ああ、そうね。確かにそうかもしれないけど、考えてみたら、これに似た色はいっぱいあるのよ。だから、今日はこっちにするわ」と、お客様はあなたがおすすめしたものとは違うバッグを購入します。

お客様がどちらを選んでも、あなたはお客様の期待に応えたことになります。このようなケースでの販売員の役割は、お客様が購入する商品を決めることではなく、お客様が自分の迷いを払拭する決め手となるヒントを与えることなのです。

（２）異なる商品でお客様が迷っているとき

全部おすすめする

今度は、お客様が３つの異なるアイテムの中から、どれを選ぼうかと迷っていたとします。たとえば、靴とバッグと服で迷っていて、お客様が相談してきたとしましょう。

この場合の正解は２つあります。１つは、先ほどの説明のとおり、あなたがプロとしていいと思うものを、根拠を添えて、自信を持っておすすめすることです。

では、もう1つの答えはなんでしょうか？　それは、全部おすすめすることです。その際は、プロとしてコーディネートをしたうえで、根拠を添えて、自信を持っておすすめします。イマジネーションの働かせどころです。

そもそも、お客様はどれも欲しいから迷っているわけです。それを販売員が1つに絞ってしまうのは、チャンスをピンチに変えています。まずは、こんな場面でこんなコーディネートができますね、と提案してみましょう。これでお客様が全部お買い上げになればハッピーエンドです。それでも迷っているようなら、お客様が迷いの原因について話してくださるように会話を導き、その気持ちに共感して、お客様の気持ちに適った提案をします。改めて3品をコーディネートし直してもいいですし、1つに絞らないといけないのであれば、お客様に最適な1品をおすすめします。

売ることは悪いことじゃない

お客様がいくつかの商品を見ながら悩んでいるとき、全部おすすめしたら悪いのではないかという思い込みがあるために、1つに絞ろうとする販売員が結構います。それは間違いです。なぜならば、それはお客様の気持ちではなく、自分の都合だからです。接客の際に自分の都合を優先させたら、その時点でピンチ到来です。

でも、もうそんなことに悩まないでください。それよりも、イマジネーションを働かせて、お客様をよろこばせるトータルコーディネートを考えたほうが、仕事が楽しくなります。接客のプロセスを丁寧に実践して、結果として売れることはみんなの幸せにつながります。ですから、結果として売れることに引け目を感じる必要はありません。

高い安いは接客内容で決まる

５万円の商品が高いか安いか、それを自分の基準で決めないでください。たとえば、３つも買ったら15万円になってしまうので、それはお客様に悪いから１つにしないといけない――そう考えたとしたら、それはお客様に対して失礼です。購入するかどうかはお客様が決めることです。私たちがお客様のお財布の中身を気にしてはいけません。

それに、高い安いは値札の数字ではなく、接客しだいでお客様の感じ方は違ってきます。あなたの接客内容に価値があると思えば、お客様は高い値札も気にしません。あなたの接客で、お客様にその商品の価値を知っていただくのです。

ただし、目標達成のために、高いものを買ってもらおう、たくさん買ってもらおうと考えるのは間違いです。これはあなたの都合です。自分の都合をお客様に押しつけようとしたら、お客様は「買わされる！」と思って、あなたから遠ざかってしまいます。

(3)「高い」とお客様が言ったとき

価値観を受け入れてもらう

高い安いは接客内容で決まると述べましたが、すばらしい接客内容だったのに、お客様から「いいのはわかるけど、やっぱり高いわね～」と言われる場面があるのも事実です。ここでシュンとなって言葉に詰まり、引き下がるのであれば、そのお客様にとってあなたの接客内容はそれまでだったということです。

高いと言われて引き下がる販売員は、まだ自分の仕事の奥深さやすばらしさを知らない人だと思います。高い安いは価値観の世界です。世の中は、価値観の違う人たちが集まってできています。そのために、時に揉め事が起こり、時に事件に発展することもありますが、多くの場合、それを話し合いによって未然に防いでいます。これは、お互いの価値観は変えられなくても、話し合うことでお互いに「受け入れる」からできることです。実は、この場合の話し合いと接客は、イコールの関係です。

お客様に高いと言われたら、まずはその価値観を受け入れて、次にプレゼンテーションによって、あなた（お店・ブランド）の価値観をお客様に受け入れていただく努力をするのがプロです。

お客様の立場で考えてみてください。今までさんざん商品のよさをアピールしておいて、「高い」の一言で引き下がってしまう販売員をあなたはどう思いますか？　「やっぱり、高いものを買わせようとしてたんだ」「本当は、もっと安く買えるものなんじゃないの？」と、思いませんか？　お客様は内心、あきれるか、がっかりするかしてしまいます。

プロの販売員はお客様にそのような思いはさせません。かと言って、難しいことをするわけでもありません。次の手順を身につければ、お客様から「高いわね～」と言われた際に、誰でもたじろぐことなく、自信を持って答えることができます。

①　「そうですね～」と、話を合わせます（逆に、「そんなことはありません」とお客様の価値観を否定して、自分の価値観を前面に出すのは絶対にダメです）。

② 「確かに、そのようにおっしゃるお客様はいらっしゃいます」と、そう思うのはお客様だけではないと承認して、お客様に安心していただきます。

③ その商品の価値を知ってもらい、なぜその値段なのかを理解してもらうために、機能や製法、ブランドストーリーなどについて説明します。その際、お客様に夢を抱かせるような表現をすることが大事です。

たとえば、次のように言えてこそプロです。

「そうですね～、確かに、そのようにおっしゃるお客様はいらっしゃいます。実は、この○○は1枚ずつマイスター（職人）が手作業で貼り合わせています。色も先染めですので、色あせることもなく、この状態で長くお使いいただけます」

「なるほど、それならこのくらいの値段はするわね！」

そのようにお客様に納得していただければ、「思い切って買っちゃおうかしら」という気持ちになっていただけるかもしれません。お客様は「高い」と言っただけで、「買わない」とは言っていません。お客様の言葉の先を読んでしまうと、「高い」と思う半面、「欲しい」とも思うもう一方の本心を見逃してしまいます。

しつこいと思われないために

商品の価値を理解していただいても、さまざまな事情から「今日は買えない」というお客様はいます。また、理解していただけずに「高い」と感じたままのお客様もいます。このようなお客様にいつまでもプレゼンテーションを続けたら、「しつこい」と思われてしまいます。そうならないように気を配るのも、プロならではの配慮です。

しつこいと思われないための一番の方法は、お客様が断りやすい雰囲気をつくっておくことです。基本は、２・６・２の法則＋ユーモアです。

①　一方的にプレゼンテーションを続けない。

②　お客様の目線や動作から興味が継続しているかどうかを判断する。

③　ユーモアを交えて重い空気をつくらない。

基本を忘れると、私たちの熱意がお客様を追い詰めてしまいます。お客様のなかには、「高い」という言葉で遠回しに「買わない」という意思を示す方もいるので、そのようなお客様でも、はっきりと断れるような雰囲気を演出することも大切です。

もう１つ大事なことは、私たちがプロとしての引き際をわきまえることです。お客様の話を無心で聞けば、引き際は必ず見つかります。「断りたいのかな」と感じたら、自分のカンを信じて、その段階で「ところで、お客様――」と、クッション言葉を使って、自然な流れで話題を変えます。こうすることで、その場の緊張がほぐれます。楽しいお買い物を演出したいと思っていても、プレゼンテーションなどでは、話すほうも聞くほうも、気づかぬうちに緊張しているものです。集中力には限界があるので、自分のコンディションを整えるためにも、お客様にリラックスしていただいて断りやすい雰囲気をつくるためにも、緊張をほぐすことは大事です。

今日がダメなら、次回のチャンスをつくりましょう。お客様の気持ちや都合を尊重することで、次回につながります。お客様がお帰りになったあと、やっぱり、あの商品が欲しいと思っていただけたらいいですね。

(4) お客様が同じ質問をしてきたとき

お客様が同じ質問を繰り返すのも、この商品が欲しいというサインです。たとえば、お客様がバッグを見ていたとします。

「これって色落ちしない?」

「大丈夫です。こちらはヌメ革ですので、色落ちすることはございません」

（ヌメ革は色落ちはしませんが、風合いとして色が変わることもあります。専門用語には注意し、その説明も忘れずに）

「ああ、そうなの」

お客様が納得し、そのあと値段の話になり、購入が具体的になっていった頃、お客様が再び同じ質問をすることがあります。これは、お客様がその商品を欲しいことを示すサインです。しかし、購入は確実だろうと気を抜いてはいけません。お客様が同じことを繰り返し質問するときは、欲しいと同時に、よほどそのことを心配している証拠でもあります。サインを読みとり、心配を取り払わないと、購入には到りません。

その際に注意しないといけないのは、質問を繰り返すと言っても、全く同じ言葉で質問するとは限らないことです。

「雨の日でも大丈夫？」

この質問の意味を理解しても、「先ほどの説明のとおり、大丈夫です」では、答えになっていません。お客様がそこまで心配する理由は何か、もう少し掘り下げて考える必要があります。

「雨の日ということは、外にお持ちになるときに色落ちの心配をなさっているんですか？　たとえば、洋服とバッグが擦れたりして」

「じつはね、そうなのよ。営業で外回りしてるんで、急に雨が降ってきたりして」

「なるほど、そういうことだったんですか」

と、ここまで掘り下げてから、お客様の心に寄り添って不安を払拭します。お客様が同じ質問をしたら、お客様の不安がどのような状況を想定したものなのかをイメージして、お客様に確認してください。そうすれば、お客様は同意あるいは訂正の形で具体的な悩みを話してくれます。

（5）お客様が無言で考えているとき

お客様の不安を1つひとつ取り除いていっても、お客様が購入の意思を示さず、「う〜ん」と考え込むことがあります。その際、販売員も一緒になってうなっていては、チャンスがピンチに変わります。あきらめずに、不安を取り除き、お客様が購入の決め手を得るお手伝いをしましょう。

たとえば、お客様が時計を買うかどうか考え込んでいたとします。お客様の不安は取り除いていったはずなのに、それでも、購入の意思決定ができないようです。そのような場合、わかっている範囲で、お客様が購入の意思決定ができない原因について、再確認してみます。

「先ほどこちらをご覧になっていたのは、毎日、会社に行くときに使える時計かどうかというご心配をなさっていたんですよね」

「そうなんだけどね……」

何がどのように不安なのか、お客様がきちんと整理できていないことがあります。それを整理するのも私たちの仕事です。この場合、もう少し具体的に質問します。お客様から伺った不安を繰り返して確認し、不安を共有する姿勢を示します。

「やっぱり、白だとすごく目立つとおっしゃってましたね。それが心配なんですよね」

すると、お客様の考えが整理されていきます。

「う〜ん、そうじゃなくて、白はいいんだけど、大きさがね。ちょっと大きいんじゃないかしら」

色ではなく、本当は大きさで悩んでいたことがわかりました。あとは、この不安を取り除けばいいのです。

このようにして、お客様の本心を整理して、不安の原因を探っていきます。相手が親しい人であれば「何を悩んでいるの？」で済みますが、相手がお客様ではそうはいきません。繰り返しによる不安の確認と共有によって、お客様の不安や悩みを整理していきます。

逆に、絶対にしてはいけないのが、マシンガントークです。沈黙に包まれたとき、人は不安になって、多弁になることがあります。

「お客様、これをお持ちになってますと、すごく便利ですし、すごくお似合いになってらっしゃいますので、私としてはお客様におすすめしたいと思います」

そう言っても、お客様は真剣に悩んでいるので、聞いてはいません。そもそも、お客様にとって、なんの解決にもなっていない言葉です。「私としては」などというあなたの気持ちは問題外です。大事なのは、お客様が今抱えている悩みを解決することです。それと、「便利です」「お似合いです」と連発しても、お客様はお買い上げにはなりません。そもそも、その根拠はなんでしょうか？　きちんとイマジネーションを働かせたうえで、どう便利なのか、どう似合っているのかを具体的に説明してください。

6 お見送りとリピートの法則

お客様にリピートしていただくには、記憶と記録が欠かせません。記憶とは、お客様にあなたのことをいい印象で覚えてもらうことです。記録とは、一度いらしたお客様についての情報をスタッフ全員で共有して、誰が応対しても同じ質問をするなど、そのお客様を新規客扱いしないようにすることです。それによって、いつでもおもてなしできる万全の態勢を整えているという印象をお客様に与えます。

（1）リピートしていただくために

心を込めたお見送りの言葉

「せっかく見せてもらったけど、ごめんなさい。今日はいいわ」

お客様がそう言ったら、次のように答えます。

「とんでもないことです。気になさらないでください」と答えたあとに（これだけだと事務的です)、「十分楽しんでいただけましたでしょうか？　ご覧になりたいものは全部お試しになられましたか？　次にいらしたときに必ずお客様のお気に召す商品に出会えるようにお手伝いさせていただきますので、ぜひまたお越しくださいませ」と、笑顔で心を込めた言葉を添えます。

そうすると、お客様は感じのいい販売員さんだな、せっかく親切にしてくれたのに何も買わなくて悪かったなと、よい意味で引け目を感じることがあります。お客様は気分よく、帰りやすい＝断りやすい気持ちで帰れます。そして、「次に来たときは何か買おう」という気持ちになります。

印象に残る言葉

お客様がお帰りになる際、お客様の印象に残る言葉を使うと、お客様はあなたのことを忘れません。お客様の心にまた会いたいという気持ちを芽生えさせ、リピート率が上がります。

お客様の印象に残る言葉というのは、接客中の会話の中にあります。たとえば、会話の中で娘さんの発表会の話題があったら、お客様がお帰りになる際にこう言います。

「お嬢さまの発表会がうまくいくように願っています」

また、お客様が旅行の予定があるという話をしていれば、「お土産は結構ですが、お土産話を楽しみにしています」と、ユーモアを交えた一言を添えます（ユーモアを安易に使うと失礼になるので注意してください）。こうした言葉がお客様には印象的に響き、あなたのことが記憶に残ります。ですから、接客中の会話はとても大事です。

リピートするお客様は、早ければ１ヵ月以内に来店されます。たとえば、富士山に出かける話をしたお客様がリピートされたら、「富士山はいかがでしたか？」と必ず接客中に伺って、お客様のことを覚えていましたというアピールをしながら会話を楽しみます。こうしたことを繰り返すうちに、お客様は自分は大切にされているんだと感じてお店に定着するようになり、顧客となっていきます。

もちろん、はじめて来店されたお客様１人ひとりについて１ヵ月、あるいはそれ以前のことを覚えているなんて、簡単にできることではありません。そこで役に立つのが、次項で説明するカスタマーズカードです。ただ、その前に「振り返りの法則」も大事なので、きちんと読んでくださいね。

振り返りの法則

お見送りの際は、お客様が振り返っても目が合うくらいにゆっくりとお見送りします。なぜならば、お客様は気に入ったお店ほど、振り返って見る傾向があるからです。これが振り返りの法則です。

お客様の立場で考えてみましょう。「また、お待ちしております」とお見送りを受けながらお店を出て、いいお店だったな、いい店員さんだったなと、名残惜しい気持ちで振り返ったら、たった今までお見送りをしていたはずの販売員がもういない……。がっかりしてしまいますよね。「また、お待ちしています」の言葉は社交辞令だったのかと、リピートする気持ちがしぼんでしまいます。

ですから、お見送りは最後までしっかりするのが基本です。お客様が振り返って目が合ったら笑顔を返し、手を振ったら手を振り返します。心を込めたあいさつに始まり、心を込めたお見送りで終わる。そのことを忘れないでください。

でも、お店が混雑していて、待っているお客様がいるときは例外です。お客様を待たせてはいけません。

（２）記録の作成と活用

POSデータとカルテ

記録は、お見送りに限定されるものではなく、接客全般で活用されるものです。しかし、リピート率の向上にとても重要なものなので、ここで説明をします。

記録は主に、ＰＯＳデータから得られる商品に関する売上分析データと、販売員が作成するカスタマーズカードに分けられます。ＰＯＳデータは、お客様の好みに合わせた品揃えを最適化するなど、「商品」を対象にしたもので、販促のツールとして有効です。

一方、リピート率を上げるうえで役立つのが、カスタマーズカードです。内容は、氏名・住所・電話番号・購買記録に、お客様との会話の内容や来店時の服装などを書き加えたものです。会話から得られる情報には、お客様の好み、ライフスタイル、癖や傾向などがあります。さらに、購買記録については、その背景も詳細に記録します。たとえば、お客様側から望んだのか、その気がなかったものをこちらからおすすめしたのかなどです。この違いには大きな意味があり、その後の提案でも大いに役立ちます。私はカスタマーズカードをお医者様が患者さんの病状・治療法・その後の経過などを記録するカルテと同じだと考え、「カルテ」と呼んでいます。

カルテは、そのお客様がどんな方なのか、「人」を知るためのツールとしてとても有効です。お客様が来店された際、過去の会話の記録を見れば、その流れでお客様との会話をスムーズに運ぶことができます。お客様にしてみれば、「覚えていてくれたの」と、よろこびにもつながります。

また、カルテの情報はお店全体で共有するものなので、特定の販売員ではなく、お店全体でお客様をおもてなしすることが可能になります。たとえば、前回と今回で担当者が違った場合でも、同じ質問をしてお客様をわずらわせることがなくなります。

名字だけでもカルテをつくる

お客様の中には、名前を書きたくないという方もいます。お名前やご住所は個人情報ですから、私たちはその意思を尊重しないといけません。しかし、これから長いおつき合いをさせていただこうと思うのであれば、やはり、お客様のお名前を伺って名前でお呼びするようにするべきです。

お客様が、名前を書きたくないとおっしゃったら、このようにお伝えしてみます。

「かしこまりました。私は◯◯と申します。では、せめて名字だけでも教えていただけないでしょうか？」

たいていの場合、名字だけならと教えていただけます。そうしたら、お礼を言って、繰り返しの確認をします。

「ありがとうございます。△△様ですね」

すると、不思議なことに、お客様はフルネームを教えてくれることもあります。そうしたら、今度はお客様のフルネームを繰り返して、お礼を言います。

「△△□□様ですね。ありがとうございます。今日は、ご住所は結構です。私も覚えるようにしますので、ぜひ、またいらしてください」

そう言って、お見送りします。ちなみに、この時の会話がお客様の印象に残り、リピート率を高めます。

お客様がお帰りになったら、早速、名前だけのカルテを作成します。カスタマーズカードにお名前だけでなく、お客様の特徴、お客様との会話の内容なども書き込んでいきます。それが、カルテです。

カルテでリピート率を上げる

カルテは、別の言い方をすれば、お客様の履歴書であり、お客様とお店のおつき合いの記録です。来店のきっかけも書いてありますから、本当に、出会いから今に到るまでの記録です。お客様の好みやライフスタイルまでわかるわけですから、これは売るための情報ではなく、お客様にお買い物を楽しんでもらうための情報です。お客様の立場で言えば、お買い物を楽しむために知っておいてほしい情報なのです。

たとえば、カルテにはどのような服装で何時に来店されたかも書き込みます。前回はスーツで来店されたお客様が今回はカジュアルな服装で来店されたら、次のように会話が広がっていきます。

「もしかして、今日はお休みですか?」

「なんで?」

「前回はスーツでいらしたのに、今日はニットなので雰囲気が違って、お休みなのかなと思いました」

「そうなのよ。実は、今から○○に行くのよ」

会話から新たな情報が得られます。その情報は、今日ご来店の目的やライフスタイルの把握にもつながります。お客様と会話を楽しむだけでなく、期待に応える商品選びのためにも使うことができるのですから、リピート率も上がっていきます。

ただし、何でもカルテに書き込めばいいというものではありません。たとえば、髪型です。「髪が長いお客様」「ロングヘアが素敵なお客様」と書いても、長い短いの基準はさまざまです。美容室などのように、ヘアスタイルのプロであればその違いがわかるように記録できるのでしょうが、そうでなければ混乱を招くだけかもしれません。

また、来店のたびに話だけで何も買わずに帰るお客様など、ネガティブな情報については、販売員同士で予め決めておいた暗号を使うといいでしょう。私の経験では、こういう暗号をつくっておくと、販売員のやる気のスイッチが入るようです。「私が攻略する！」「今度は私が！」というように、自分が最初にお買い上げいただこうと競争が起こります。

暗号は誰が見ても不快な思いをしないものに限定しておくのがいいでしょう。たとえば、まだ何もお買い上げになったことのないお客様のことを「未購入客」とは記載しません。お客様は、せっかく足を運んでくださったのに、気に入ったものが見つからなかっただけなのかもしれません。ですから、こうしたお客様については、私はいつも、下見客、見込み客という意味で、「NY」（Not Yet）と書いていました。

会社によってカルテがない場合は、「自分ノート」を作成することをおすすめします。

（3）アフターフォロー

お客様に商品をお持ち帰りいただいたのち、日を改めて商品の使用状況や使い心地などを伺います。これがアフターフォローです。

目的は、商品の愛用度の確認と使い続けていただくことです。商品の愛用度はそれを売ったあなたやお店に対する、お客様の好意や愛着を測る目安になります。また、それを使い続けていただくということは、あなたやお店への好意や愛着を持ち続けていただくということにつながります。フォローの仕方やタイミングなど、詳細は**図表4**のとおりです。

また、お客様への感謝の気持ちを改めて伝えることも大事です。その際、手紙によって気持ちを伝えると効果的です（**図表5**）。

図表４　アフターフォロー

アフターフォローの目的

【 購入商品の愛用度を確認する 】

① 正しい使い方の確認　② 気に入っている理由　③ 使っていない理由

【 使い続けてもらう 】

★　商品を使っていて使い心地はどうか商品の状態はどうかなどを確認し、お客様の満足度を高める
★　使用するシーンの提案、ケアの方法を伝えることで商品への愛着を高める
★　販売した側として、お客様に満足していただきたい想いと責任を持つ

フォローのタイミング

【 購入商品の愛用度を確認する 】

《イベントや新作発表前に》
新しい商品の発売やイベントがあるときは、ご来店いただける大きなチャンスです。来店頻度に関係なく、すべてのお客様へのご案内をしましょう。

《購入後１週間を目安に》
特に初めてご購入いただいたお客様には、ご購入日から間が空かないうちに使い心地などを確認しましょう。お客様の感想をセールストークに活かすこともできます。

《購入目的がはっきりしている場合》
バースデーやクリスマスのプレゼントなどでご購入いただいた場合、選んだ商品が相手によろこんでいただけたかどうか伺いましょう。

《商品に不具合があった場合》
商品に不具合があったと申し出を受けたときは、同一商品をお買い上げの他のお客様に早急にご連絡をして、同じようなことがなかったかどうかを確認しましょう。

図表5　Thank you Letter（感謝の手紙）

大切なのは？

- “読む人”の負担にならないこと
- 文章の書き出しでパーソナルな内容に触れる
- できるだけ短い文章で思いを伝える
- 1回読めば内容がわかる

では、どうすればいいのか？

あいさつ
ご来店へのお礼

↓

お客様が
おっしゃっていたこと

↓

それに対する気遣い

↓

購入商品への気遣い
&コーディネート案

↓

お会いしたい気持ち

よい例

- あくまでもパーソナルな内容を心がける
- 「お買上げいただきまして……」という文章は必須ではない
- お客様との会話をカルテ（カスタマーズカード）にメモしておく
- 過去へのお礼だけでなく未来につながる内容を意識する
- また行きたくなるような予告編を盛り込む

悪い例

- あいさつとお礼が50%以上を占める
- 商品の情報が50%以上を占める
- 忙しい時期でゆっくり接客できず、あまり情報がメモに残せなかったお客様へは、そのことをそのまま書いてお詫びする
- 立ち入った内容はハガキには書かない
- お客様との親密度·盛り上がり度に応じて内容をアレンジする

↓

販促を目的としない心の込もった
Thank you Letter !!

〈コラム〉　夢を与えるブランドストーリー・・・・・・・・・・・・・・・・・・・・

ストーリーやヒストリーのあるブランドであれば、その世界にお客様を引き込んで、夢も一緒に提供すべきです。たとえば、バッグや時計であれば、製作秘話のような逸話であったり、デザイナーの生き様であったり、お客様が自分をそのブランドに重ね合わせてしまうような夢のある話をしてもらいたいですね。ファッションは、ＩＴ製品などのように機能やスペックで選ぶものではなく、その裏にあるストーリーも一緒に楽しむということが、特に高額品になればなるほど大事になります。

私は美容部員だった頃、商品の発売年、商品名の由来、色の名前の意味などを調べて、ストーリーとしてお客様にお話していました。名前の由来、発売年がお客様の背景と重なると、お客様はとてもよろこんでいました。仮に、直接的な関わりがなくても、どうせなら夢のあるものを選びたいと言ってくださるお客様も大勢いました。心を豊かにするというのは、こういうことだと思います。機能性や耐久性など商品のよさを説明する指標はいろいろとありますが、ファッションの世界では、夢が一番大事なのです。

しかし、そのことがわかっているのに、うまく伝えられない人がたくさんいます。単に商品情報を覚えるだけではなく、書いていないことでもお客様に興味を持っていただけそうなことについては自分で調べて、自分なりにストーリーをまとめておくといいでしょう。そして、接客の際、ここぞという場面で用意していたストーリーを話します。お客様が興味を示したらどんどん話して、興味がなさそうなら、潔く引き下がりましょう。その際、突然話題を変えるのではなく、簡潔にフェーズアウトしていきます。はじめてのお客様の場合、それは仮説の検証でもあるので、このお客様はこういう話には興味がないんだ、それがわかったのは大きな成果だ、と前向きに考えましょう。

第1部 販売員にとっての大事な気づき

第2章 販売員は豊かな人生を実現できる！

―販売員のやりがい・よろこび、そして、未来―

1 接客はクリエイティブな仕事

(1) イマジネーションは人生を豊かにする

成功への扉を開くカギ

第1章で、イマジネーションはクロージングの決め手であることを説明しましたが、実は、それだけにとどまるものではありません。イマジネーションは仕事や人生の成功への扉を開く重要なカギなのです。

たとえば、パナソニックの創業者である松下幸之助さんの名言の1つに、「カンと科学は車の両輪」というものがあります。カンはイマジネーションの1つです。また、歴史的に偉業を成し遂げた人たちの中にも、イマジネーションの重要性を述べた言葉を残している人たちがいます。そうした偉人たちの言葉が、私に1つの気づきを与えてくれました。

お客様が使ってよろこんでいる姿が思い浮かぶ商品をおすすめると、そのお客様はその商品をお買い上げになる。お客様はそれを使ったあと、よかったと言ってよろこんでくれる。私は、イマジネーションを働かせていたんだ。これが大事だったんだ！

そのことに気づいてからは、意識してお客様のよろこぶ姿をイメージするようにしました。すると、これまで以上に、お客様からお礼を言われるようになりました。

想像力と創造力

お客様との会話で得られる情報というのは、たとえば、ジムに通っている、帰りはいつも遅い、カジュアルなものは着ていないなど、断片的なものがほとんどです。それらをつなぎ合わせてお客様に最適な商品を提案するという作業には、イマジネーション力が欠かせません。そもそも、お客様自身が本当に必要なものに気づいていないことが多いわけですから、他人の私たちがそれを見つけるとなると、やはり、プロとしてのイマジネーション力をみがいておく必要があります。

そうすると、お客様自身が気づいていなかった「新たな自分」「素敵な自分」を提案することもできます。すると、お客様はそれを早く使ってみたいとわくわくした気分になり、お買い上げとなります。そして、実際に使ってよろこんで、楽しい時間を過ごすことがふえて、気がついたら人生が豊かになっていた――となっていくのです。

これって、素敵なことですよね。私たちはイマジネーションを働かせることで、お客様の楽しいお買い物を創造し、素敵なあなた（お客様）を創造し、お客様の豊かな人生をも創造することができるのです！　そして、商品の価値、お店の価値、あなたの価値も高まって、あなたの人生も豊かにしていきます。私たちの仕事は、機械やコンピュータでは代替できない、クリエイティブな仕事なのです。

販売職のやりがい

販売職は何が楽しいのか、なぜ私は販売という仕事をこんなに長く続けてきたのか、私はいつも自問自答しています。そして、いつもこう思います。

もし私がいなかったら、お客様はその商品のすばらしさや有効な使い方などを知ることができず、自分にとって本当にふさわしい商品に出会えなかったはずだ。お客様と商品が出会うことによって、お客様も商品も一緒に引き立つことができる。販売員は、お客様と商品の最高の出会いをとりもつキューピッドなんだ！

人は誰でも、おしゃれがビシッと決まった日、ヘアスタイルがうまくきまった日は、楽しく充実した一日が過ごせます。そのための気づきをお客様に与え、お客様に感謝されてきたからこそ、私がこの仕事を長く続けてこられたのだと思っています。

私たちの仕事では、お客様がそんな素敵な一日を過ごせるお手伝いをして、その積み重ねによってお客様の人生を豊かにしていくことが、達成感に結びついているのです。仕事を通してお客様の人生も自分の人生も豊かにできる——接客は人間にしかできない最高のコミュニケーションです。

それなのに、販売員について誤解をしている人が多いですね。たとえば、ファッションには興味があるけれど、ノルマがあるからやりたくないという人が結構います。そんな理由でこんな素敵な仕事に就くのをあきらめるなんて、もったいないし、悲しいことです。

販売員にノルマはありません。ノルマは達成できないと何らかのペナルティが科されますが、販売員にはそのようなペナルティは科されません。私たちが達成しなければならないのは「目標」です。そもそも、目標というのはどの仕事にもあるものですし、目標があるからこそ、仕事を通して達成感や充実感が得られるのです。

私たちの目標は、お客様のよろこびを創造することでしか達成できないものです。人をよろこばせるためにがんばるよろこび、人のよろこぶ姿を見るよろこび、笑顔で「ありがとう」とお礼を言ってもらうよろこび――よろこびに満ちたこの仕事のすばらしさを多くの人に知ってもらいたいです！

(2) 物語をお客様とともに紡ぐ

人と人の関わりが物語を生む

ファッション関連の商品は、デザイン性が高いなどさまざまなエッセンスが付加されていますが、それらは実用において、あるいは、生きていくうえで特に必要でないものがほとんどです。それにもかかわらず、お客様は高価な商品を購入します。どのような価値をそれらの商品に見出しているのでしょうか？

その価値の1つがブランドです。ブランドには物語（ストーリー）があります。海外の有名ブランドになると、さまざまな物語が重なり合ってブランドの歴史（ヒストリー）を築いています。お客様は、こうした物語や歴史に裏づけられた価値に魅了されているのです。たとえば、ブランドストーリーを自分の生きざまと重ね合わせることで、身につける楽しさ、豊かさ、満足感を得るのです。そして、商品のクオリティの高さがそのストーリーを後押しします。

物語は、ものが生み出すものではありません。人が生み出すものです。そして、物語は、１人の人だけで生み出されるものでもありません。人と人との関わりの中で物語が生み出されるのです。人と人の関わりが続く限り、新しい物語が生まれ続けます。

この物語がお客様の人生を豊かにしていきます。お客様は、人と人との関わりを求めて、新しい物語を求めて私たちのいるお店を訪れるのです。それは、お客様とあなたが出会い、ともに過ごした時間の記憶、あなたがすすめた商品を使って過ごした時間の記憶によって織りなされる物語です。あなたの接客がさまざまな物語を生み出し、お客様の人生を彩っていきます。

物語は商品の価値だけではなく、ブランドの価値、お店の価値、あなたの価値を高めていきます。お客様はこの物語を大勢の人に語ります。この物語に登場するあなたが、主役であるお客様のよきパートナーであれば、それを聞いた人があなたの新しいお客様になり、そのお客様たちとともにまた新しい物語を紡いでいくことになります。

物語はさまざまなお店で生まれる

物語が生まれるのは、高級ブランドに限ったことではありません。私はそのことを、これからお話しするお買い物体験によって知りました。

ある夜、私は仕事を終えると、会社から一番近い駅ビルの婦人服ショップへ駆け込みました。その日と翌日の2日間、某海外ブランドの店長さんたちの研修を行うことになっていたのですが、急に家に帰ることができなくなり、翌日の研修に着ていく服を揃える必要に迫られたためです。ファッション業界に講師として身を置く者として、同じ人の前に2日続けて同じ服で会うことは私のプライドが許さない――そんな、切羽詰まった事情があったのです。

お店の中はがらんとしていて、閉店間際の独特の雰囲気が漂っていました。お店にいるのは、私の子どもくらいの年齢の若い女性でした。

「ごめんなさい、閉店間際に来て」

「どうぞ、ゆっくり見ていってください」

私は、まだきちんと応対してもらえるんだと、少しほっとしました。しかし、悠長に構えているわけにはいきません。すぐにジャケットのコーナーへ向かいました。

色は白しかありませんでした。私がほかの色も見せてほしいと言うと、彼女はすぐに、違う色のジャケットを何色か持ってきました。

「じゃあ、この淡いベージュをいただこうかしら。それと、インナーとパンツも必要なのよね」

彼女はこの時、私のようすから、何かただならぬものを感じたようです。

「何か特別なことがあって、急に必要になったんですか？」

私は、急に家に帰れなくなったこと、翌日の仕事のために今日中に服を揃えなければいけないことを説明し、時計を見ました。午後８時20分でした。

「かしこまりました。どうぞ、ごゆっくり。それでは、お客様に似合いそうなものを私が見繕ってまいりますので、こちらでお待ちください」

彼女はそう言うと、広い店内からブラウスとパンツを素早く持ってきて、「あ、ベルトは今日のでよろしいですか？」と、確認しました。よく気のつく娘さんです。

私はお腹を指さして、「今日は、ベルトをしてないの」と答えました。

「そうですね。じゃあ、持ってきます」

そのような感じで彼女は、ぱっと見て、私の好みに合いそうなものをずらっと並べてくれました。私はそれを全部買いました。これで一安心――。

そう思ったのですが、ある問題に気づきました。パンツの裾上げが必要だったのです。これから出しても、受け取りは明日。仕事に間に合いません……。

「しょうがないから、ガムテープでとめようかな……」

悲しい気分でつぶやくと、彼女も力なく答えました。

「素材が柔らかいので、ガムテープだともこもこしてしまうので、でも、時間が……」

短い沈黙のあと、彼女は突然、力強く言いました。

「わかりました！　本当は8時半で締切りなんですが、お客様のご事情を説明してみましょう。今から、お直しのところに電話してみます。今日中に仕上げてくれるように頼んでみます」

彼女は駆け足で電話をかけに行きました。時計を見ると、午後8時25分でした。事情を説明してから5分しか経っていないのには驚きです。私は、彼女が電話をしている間、縫い代を測るなど、自分でできることをして待ちました。

私のいる場所から、電話をする彼女の姿が見えました。その表情と聞こえてくる彼女の声から、どれだけ必死になってお願いをしているかがわかりました。彼女は電話を切ると、私のもとへ急いで走ってきました。

「お客様、ＯＫです！」

私より、彼女のほうがうれしそうでした。裾上げができたのは、午後9時を過ぎていました。彼女から裾上げのできたパンツを差し出された際、私は「本当にありがとう」と言って、それを受け取りました。私がお店に駆け込んでから、たった、50分の出来事です。本来なら、仕上げまでに1時間待ちなのだそうです。

お店を出るとき、私は彼女に言いました。

「あなたのおかげで助かった。実は、はじめてのお店だし、閉店間際だったし、あまり期待していなかったんだけど、こんなにすばらしいプロの販売員がいるなんて！　本当にありがとう。これからもがんばってね」

すると、彼女は涙ぐんで、私に言いました。

「今まで、そんなこと言ってもらったことないです」

「よかった。あなたがそんなにうれしいなら、私はもっとうれしい」

その後、彼女が異動するまで、私はちょくちょくそのお店を利用しました。

コンビニだってやればできるおもてなし

コンビニエンスストアは特別なホスピタリティ接客を求めない店舗形態ですが、あるお店でアルバイトの女の子の接客を受けた際、この考えが吹っ飛んでしまいました。

それは、私が外を歩いていて、突然、雨が降ってきたときのことでした。傘を買おうと、急いで近くのコンビニに駆け込みました。今のコンビニは、単なるビニール傘だけではなく、1000円ほどでいろんなデザインの傘を選べるようになっています。私は黒い水玉模様の傘を選んでレジへ持っていきました。

「ありがとうございます。雨、降ってきたんですか？　お客様、これ、とてもコンビニ傘に見えないくらい素敵ですよね」

私はびっくりしてしまいました。ちょうど、コンビニの傘にしては立派だと思っていたところだったのです。そして、思いがけない彼女の言葉に急にうれしくなって、こう言いました。

「デパートで売ってても、おかしくないんじゃないの？」

「そうですよね。実は、私も買ったんですよ。結構さしやすいですし、この水玉がおしゃれですよね！」

私は雨をしのぐだけの傘があればいいと思っていたのに、コンビニでこんな気の利いた一言が聞けるとは思ってもいませんでした。この意外性もまた、よかったのでしょう。私はこのお店で傘を買ってよかったという気持ちになり、レジを済ませた後、もう一度彼女の接客を受けたいと思い、特に必要もないのにもう1品、別の商品を買いました。

このお店は出張先でたまたま通りかかっただけのはじめて入るコンビニでした。もしも近くを通ることがあったら、その女の子に会いにまた行きたいです。家の近所にあったら、私はそこの常連になっていたと思います。ちょっと気の利いた一言、あなたも工夫してみませんか？

私のお買い物体験には、接客によって生まれた物語がたくさんあります。その中には、郵便局やＪＲの窓口など、接客を期待していなかった場所で生まれた物語もあります。その1つひとつが私の人生を豊かなものにしています。私はその物語を人に話したくて仕方ありません。

お客様が人に話したくなる物語――私たち販売員は、この物語を生み出すクリエーターであり、登場人物でもあるのです。

(3) マスコミより口コミ

いい物語を語ってくれるお客様というのは、そのお店や販売員、ブランドとの信頼関係ができている方です。こうしたお客様は、話を多くの人に伝えると同時に、新しいお客様をお店に呼んでくれます。お客様がお知り合いを紹介してくださったら、私たち販売員はお客様のために、プロとして持てる力のすべてを注いで信頼に応えましょう。

その具体例を紹介します。私が美容部員だった時の話です。

ある時、顧客のAさんがお友だちと一緒に来店されて、私にこう言いました。

「この人、Bさんと言うんだけど、今は別のブランドの口紅を使っているのよね。でも、彼女にはもっと似合う口紅があると思うのよ。何かいい色があれば、見つくろってあげて。私、ちょっと別の買い物があるから、よろしくね。きれいにしてあげてね」

「お任せください!」

私がよろこびを隠すことなく答えると、Aさんは満足そうに微笑んで、ほかの売場へ行きました。

私はまず、Ｂさんに好みやライフスタイルなどを伺って、ベストな色の口紅をチョイスしました。

「今までこんな色、すすめられたことはないけど、わりといいわね」

Ｂさんはとても気に入ってくださいました。

私はこのあと、口紅以外にもメイクを施し、メイク製品のフルセットをおすすめして、Ｂさんにお買い上げいただきました。私がフルセットをおすすめした理由は、Ａさんのご要望が、Ｂさんをきれいにしてあげることだったからです。口紅は話のきっかけです。お買い上げいただけたということは、Ｂさんにご満足いただけた証しです。

そして、私がためらうことなくフルセットをおすすめできたのは、Ａさんと私（お店、ブランド）との信頼が築かれていたからです。Ａさんは私を信頼しているからこそ、はじめて来店されたＢさんを１人残して、ほかのお買い物に行ったのです。

それと同じように、Ｂさんも私を信頼していました。なぜならば、Ｂさんはお友だちであるＡさんを信頼しているからです。だからこそ、１人で私の接客を受けたのです。Ａさんの私に対する信頼が、そのままＢさんの私に対する信頼になっていたとも言えます。ＡさんはＢさんに、私のことをどんな風に話していたのでしょう？　Ａさんの物語が、私とBさんをつないでくれました。

さて、Aさんが戻ってきました。

「あら、Bさん、いいじゃない！」

メイクが仕上がったBさんを見て、うれしそうでした。でも、一番うれしかったのは、ほかならぬ私です。私たちはこうして広告宣伝費を使わずに、お客様をふやすことができます。それも、信頼を得た状態で！　まさに、マスコミよりも口コミなんです。

2 販売員の未来とゴール設定

（1）熱い想いを伝える仕事

私はお客様も商品も、みんな大好きでした。考えてみると、販売員としての私はいつも、好きな人や好きな商品に囲まれて仕事をしていました。好きということは、とても大事なことです。人を好きになると、その人の好みを知ろうと努力します。その結果、その人によろこんでもらえます。商品も同じです。商品を好きになると、そのいいところがどんどん見えてきます。こんなにいいものなんだから、こんな人にこんな風に使ってもらいたいとイメージが湧いて、その人がよろこんでいる姿が思い浮かんできます。すると、お客様に自信を持って商品をすすめることができます。

「好き」を仕事にすると、仕事がうまく回ります。単にファッションの仕事がしたいと考えるのではなく、化粧品、服、靴、時計など、自分の好きなカテゴリーに特化して、どんどん好きになって、どんどん掘り下げて勉強して、そのカテゴリーの商品ならなんでも説明できますというくらいのエキスパートになってください。そして、商品の魅力をあなたの熱い想いとともにお客様に伝えてください。そのためには、「歩くブランド見本」として自分自身で商品を使いこなし、身につけて店頭に立つことも大事です。私たち自身が扱う商品を身につけることで、商品のよさをアピールする。私は、これができる販売員のことをカリスマと呼んでいます。

美容のカリスマとか、料理のカリスマと言われる人たちがいますよね。販売員の世界にもたくさんのカリスマがいていいはずです。カリスマだってただの人間、努力の積み重ねによってそう呼ばれるようになった人なんですから。

あなたはカリスマになりたいですか？

「はい」と答えた人は、カリスマになる資質を持っています。カリスマになりたいという意志があればいいのです。

（2）キャリアアップの道筋

接客販売とマネジメント

私は、会社の利益向上と販売員の地位向上をともに実現する仕組みとして、①〝ただ者ではない販売員〟になるキャリアアップ、②マネジメント力を活かしたキャリアアップ――という2つの道を販売員に用意することを提案します。どちらの道を選ぶかは、本人の意志が優先されます。

①〝ただ者ではない販売員〟になるキャリアアップ

接客販売のスペシャリストをめざす道です。会社組織の位置づけとして、販売員を一スタッフにすぎない存在に終わらせないために、次の3つのステップを設けます。これによって販売員のステージを明確にし、販売員が自らの価値を高めていく道を示します。

Ｓｔｅｐ１　スペシャリスト……ホスピタリティあふれる接客技術と販売テクニックを身につけており、顧客づくりにも長けている。

Ｓｔｅｐ２　カリスマ……ブランドのスピリッツを自ら体現でき、取り扱うカテゴリー（ジュエリー、時計、バッグ、洋服、靴などすべて）の魅力を最大限に引き出すテクニックを有し、顧客を惹きつけることができる。

Ｓｔｅｐ３　マスターズ……カリスマとしての役割だけでなく、カリスマの育成も担う。

②　マネジメント力を活かしたキャリアアップ

マネジメントのプロをめざす道です。店長として、スタッフの育成や商品管理、販売管理など、ヒト・モノ・カネの管理運営を担います。接客販売も行い、常に店舗の顧客動向に目を向け、売上はトップをめざす姿勢で、スタッフのモチベーションアップを図ります。店舗の目標達成に責任を持ち、メンバー全員が個々の能力を最大限に発揮して、チーム一丸となって目標達成をめざす「チームビルディング」を実践します。店長自らの売上が突出して高くても、お店全体の売上が低いのであれば、仕事をしているとは言えません。逆に、店長自身の売上が低くても、お店全体での売上が高いのであれば、高い評価が与えられます。もちろん、自分の売上とお店の売上の両方が高い店長もいるでしょう。つまり、自他ともにモチベーションが高く、目標を達成し続け、後継者育成にも結果を出す。それができればまさに、カリスマ店長です。

どちらの人材も会社に必要

店長になった人は出世した人（評価された人）、店長になれなかった人は出世できなかった人（評価されなかった人）という構図があります。仮に、キャリアの近い売上優秀者が3名いても、その店の次期店長は1人だけです。これだと、ほかの2人のチャンスが活かし切れずに、会社は2人の売上優秀者を失ってしまうかもしれません。そして、これを見た若いスタッフは、そこに自分の将来を重ね合わせます――店長にならないと、将来、自分の居場所がなくなる?!

確かに、危機感を与えてやる気を出させるのも1つの方法です。出世レースは多くの業界で見られることです。しかし、ファッションというアーチスティックな世界に身を置き、アドバイザーやコンサルタントのような役割を担う私たちには、出世欲を一番の動機として仕事をするのは不似合いな気がします。やはり、アーチスティックな分野に優れた人も、マネジメントの分野に優れた人も、どちらも会社に必要な人材なのですから、どちらも大切にするべきです。その意味で、販売員の将来に２つの道を用意することは、会社にとっても、販売員にとってもよい結果をもたらす仕組みです。

店長にならなくても、カリスマやマスターズとして評価される道があれば、販売員はそれをめざすための勉強をする意味や仕事のやりがいを見出せます。そうやって身につけ、みがきをかけた販売員のスキルは会社の財産でもあります。仮に、10人のカリスマがお店にいたら、お店の売上は大幅にアップします。カリスマがいればいるだけ、会社は発展します。

3 販売員のサクセスストーリー

(1) すべての人に物語がある

男性でも女性でも、成長して成功や幸せをつかめることが、販売員の仕事の魅力の1つです。私はこれまでにたくさんのサクセスストーリーやシンデレラストーリーを見たり聞いたりしてきました。

たとえば、販売員の世界にもヘッドハンティングがあり、お給料の大幅アップなどを条件に他社へ引き抜かれていく人は結構います。販売の世界は性別による割引きや割増しはないので、女性でもかなりの年収が約束されます。また、人と人との出会いや交流、それを媒介する商品を通じて人生を豊かにしていく物語もあります。何をもって成功とするか、幸せとするかは人それぞれなので、人の数だけ物語があるのです。

かくいう私にも、物語があります。22歳の時に美容師から販売員に転職し、接客販売、スタッフ教育担当などを経て独立し、販売員の教育や店舗の強み・弱みを調査するミステリーショッピングなどを行う会社を設立しました。現在はその会社の代表取締役を務めています。これまでにいろんなことがありましたし、これからもいろんなことがあると思います。過去を振り返っても、未来を見据えても、やっぱり、販売員の仕事はいいな！　そう思います。

みなさんにも、販売員の仕事を通じてあなた自身の物語を紡いでいくことを願っています。その第一歩を踏み出してもらうために、新人の時、どんなにがんばっても売れない販売員だった私の物語をご紹介します。

（２）若き日の歩み

女ひとり、食べていくのはそんなに大変？（怒）

１９８０年頃のことです。それまで美容師として働いていた私は外資系の化粧品会社に転職し、美容部員として東京・銀座にある百貨店の化粧品のフロアに配属されました。私が接客販売の仕事に本格的に就いたのは、この時からです。

今なら、あるいは、地元が東京近郊であれば、このことを両親もよろこんでくれたのかもしれません。しかし、当時、私が両親と住んでいたのは宮城県の仙台市で、父は、私がひとりで東京に行くことはおろか、この仕事に就くことにも大反対でした。大正生まれの父は、一人っ子の私が高校を卒業したらすぐに花嫁修業をさせて、早く結婚させたかったのです。それが私のためだと信じていました。

私はそれがいやでした。高校3年生の時は、第1志望の大学に推薦入学できる状況だったのに、父の反対で進学することができませんでした。反対の理由はこうです。

4年制の大学なんて出た女は婚期が遅れる。大学を出ても手に職がつくわけでもない。結婚しなければ、女がひとりで食べていくのは大変だ！

私はこの時、大学へ進学して英語を勉強したいと父に懇願しました。英語が好きで、これだけは成績がよかったので、将来は語学を活かした仕事に就きたかったのです。しかし、どんなにお願いしても、父は首を縦に振りませんでした。

父は、妥協案として、短大の家政科なら進学してもいいと言ったのですが、そこで花嫁修業をさせるという意図が明らかだったので、今度は私が進学を断固拒否しました。

父の思いどおりにはさせない！　女が1人で食べていけるように、手に職をつければ文句はないんだろう。だったら、美容師になってやる。固い決意が芽生えました。

後日、私は勝手に、美容学校への入学手続を済ませました。家に帰ると、父はろくに口もきいてくれません。何を怒っているのでしょうか？　私は父を心配させまいと、ひとりで食べていけるように、手に職をつけようとしているだけなのに……。結局、母の大活躍で、美容学校に通うことができました。

美容学校を卒業してからは、国家試験に合格して、インターンを経て、カットをさせてもらえる技術者の一歩手前までいきました。インターン時代は毎日（定休日を除く）、開店前の準備から閉店後の後片づけまでめいっぱい美容室で働いて、そのあとは深夜まで練習をしていました。夕食はいつも午前2時過ぎ、吉野家の牛丼のお得意さんでした。今はそこまでハードではないようですが、当時はこれがあたり前でした。

仕事は大変でしたが、とても楽しかった！　お客様をきれいにして、よろこんでもらう。「ありがとう」と言われるたびにうれしくなりました。語学を活かした仕事に就く夢はだめになってしまいましたが、今度はスタイリストになりたいという夢を抱くようになりました。

美容室では、お店で扱っているシャンプーやトリートメント、化粧品などの販売もしていました。いわゆる、店販です。お客様の中には、自分がどんな商品でシャンプーやトリートメントをしてもらっているのかについて、全く興味のない方もいたのですが、私の接客で興味を持ち、「使ってみるわ」とお買い上げいただくことがよくありました。それがとてもうれしくて、接客が楽しくて仕方ありませんでした。あっという間に、店販の売上がナンバーワンになっていました。

このような感じで1年が過ぎようかという頃、私は夢の実現に向けて動きました。スタイリストになるために、メイクアップについて本格的に勉強したいと思い、海外化粧品ブランドの日本本社に電話をしたのです。

「そちらで働きたいんですけど〜」

今では考えられない、大胆な応募方法です。用件を伝えると、とても丁寧な応対で担当者に電話をつないでくれました。担当者も丁寧な方で、私の話を聞いて、「一度、お会いしましょう」と、面接の約束をしてくれました。

美容師をしていたことが採用の決め手となりました。

「美容師は根性があるから、私は好きなの」

面接の際にそう言ってくれた女性が、のちに私に多大な影響を与えるあこがれの人となりました。なんの経験もない私を採用してくれたのです。私にとって、恩人と言うほかありません。私はこの人のためにもがんばろうと決意しました。

売らなきゃ生活ができない！（涙）

東京へ行くなら親子の縁を切る。そう言って猛反対する父を説得するのは無理だとわかっていた私は、説得をあきらめ、それなら縁を切ってくださいという覚悟で東京へと出発しました。私だって、本当は東京へ行きたくありませんでした。希望した仙台の百貨店に美容部員の空きがなく、たまたま空きがあった銀座の百貨店で働くことを条件に採用されたために、東京へ行かなければならなかったのです。

はじめてのひとり暮らしが始まりました。東京は家賃が高いと聞いてはいましたが、1ヵ月の家賃が基本給の半分もするのには驚きました（実は、相場を知らずに、都心の高いアパートを借りてしまったのが原因です）。それに加えて、光熱費やその他諸々の費用がかかり、どんなに切り詰めても食べていくことすら満足にできず、東京の生活がどんなに大変なものか、身をもって知りました。

お給料は、販売目標の達成度に応じてインセンティブが基本給にプラスされたのですが、新人がいきなり目標を達成できるはずもありません。お金がなくて、周りからはそれをばかにするようなことを言われて、悔し涙がこぼれるのをこらえたこともありました。社員食堂を利用するにしても、外（銀座）で上司や同僚とお茶を飲むにしても、服や靴を買うにしても、お金がなくて悔しい思いをすることが結構ありました。

贅沢をしたいと思ったことはありません。質素でも、今日の食事が安心して食べられればいい。そういう想いで毎日、売場に立って接客をしていました。

どんな仕事でも同じですが、自分の給料は自分の努力で上げるべきだと思います。初任給という言葉がありますが、未知数の社員のやる気を出させるために会社もいろいろと工夫します。インセンティブという制度を用いている会社はいくつもあると思いますが、インセンティブとは「誘因」という意味で、お金に限らず旅行など、まさに「やる気」を誘発する手段です。会社の求める結果（目標クリア）以上の成果を上げた人をきちんと評価しようとするシステムでもあります。つまり、会社も社員もハッピーハッピーになることが目的です。そこにやりがいや達成感を見出すことができれば長く続けられてキャリアが積み重ねられます。当時の私は、そんな深い理解もないまま単純に「売れば給料は上がるんだ」と信じていました。

売ってはいけなかった！（汗）

３ヵ月ほどがんばってみたのですが、なかなか売れませんでした。１９８０年頃は、化粧品は国内ブランドが主流で、海外ブランドはほとんど知られていませんでした。今なら誰でも知っている有名ブランドでも、「何、それ？」というのが大方のお客様の反応でした。さらに、値段も国内ブランドに比べて高いので、知名度と価格を単純に比較したら、競争力は国内ブランドのほうがありました。

しかし、化粧品やファッション関連商品の真の競争力（より正確には、接客販売を行う業種・業態の真の競争力）というのは、知名度と価格だけで決まるものではありません。真の競争力を支える重要な柱はいくつかありますが、その中の重要な1本として、販売員がいるのです。もっとも、これはもっとあとになってから身をもって理解したことです。

この頃は、インセンティブ（当時の私の理解では、がんばったご褒美）が欲しい一心で、なぜ売れないのか、どうすれば売れるのか、売れるときと売れないときで何が違うのかなど、必死に考えました。接客が終わったあとは、なぜ売れなかったのか、なぜ売れたのかを振り返り、次の接客に活かしました。

そのうちに、わかってきました。お客様にどういう接し方をしたらお買い上げいただけるのかということが！　そして、お買い上げいただいたお客様に責任を持つことで、お客様が間違いなくリピートすることを知りました。大切なのは、お客様の身になって、どうしたらこのお客様によろこんでもらえるのかを考えながら接客することだったのです。今や、お客様からの「ありがとう」が私のインセンティブとなりました。

おすすめする根拠が大事！（重要）

まず、接客の仕方を変えました。それまでは、お客様が来るたびに売りたい一心で「いらっしゃいませ」と声をかけ、一方的に商品説明をしていました。この人に買ってもらわないと、私のお給料は上がらない――そう思って接客をしていました。接客中は、私が9割話して、お客様が話すのは1割くらいでした。ですから、お客様のことを十分に知ることができず、なぜその商品をそのお客様におすすめするのか、根拠が全く説明できていませんでした。

「いいものかもしれないけど、私にとって本当に必要なものなの？」

このようにはっきり言うお客様はいないと思いますが、お客様はこの質問に対する答えを求めています。そのとおりですと根拠を示して答えれば、必ずと言っていいほど、お客様にお買い上げいただけました。

根拠を見つけるには、失礼のない形でお客様から必要な情報を引き出さないといけません。この経験から、２・６・２という発想が生まれました。コミュニケーションは会話だけではなく、相手のようすを見て、相手の身になって応対することも大事だとこの頃に学びました。

このように接客の仕方を変えた結果、多くのお客様にお買い上げいただけるようになりました。「よかった」「ありがとう」と言われることも多くなり、リピートしてくださるお客様だけでなく、お知り合いを紹介してくださるお客様も多くなり、私の顧客がどんどんふえていきました。そして、目標をクリアするだけでなく、プラスアルファの結果が出せるようになりました。その結果、基本給に加えて、それとほぼ同額のインセンティブをもらうようになっていました。22歳で入社してから半年ほど経ってからのことです。

それから間もなくして、希望していた仙台の百貨店に異動となりました。そこでも結果を出し、チーフ（店長）に昇進しました。２年間の販売経験しかない24歳のチーフは会社の最年少記録で、今でも抜かれていないかもしれません。当時、チーフのほとんどが私よりも10歳以上年上でした。20歳代の店長は私のほかに、私よりも5歳ほど上の人が1人いただけでした。

販売の世界では年齢や経験に関係なく、顧客づくりというプロセスが売上という結果につながることで、「やりがい」「楽しみ」「待遇」の3点セットが手に入るのです。

(3) 誰にでも売上は伸ばせる

売上を伸ばすことは、難しいことではありません。お客様の身になること、おすすめする際は必ず根拠を示すこと、この2つができれば、売上は誰にでも伸ばせます。私がチーフになった仙台の店舗では、それまで月80万円ほどだった売上が、4年後には月400万円を超えるようになりました。これは、スタッフ1人ひとりが私と同じように、なぜ今まで売れなかったのか、何をどう変えればいいのかに気づき、実践した結果です。

気づきと実践、この2つがセットになって、はじめて結果が得られます。何がいけないのか、どうすればいいのかについては、誰もが薄々感じています。でも、確信が持てず、自分流が捨てられず、それを実践しないから、結果がついてこないのです。

私はまず、してはいけないことに気づきました。それは、売ろうとすること、一方的に話すことです。その２つをやめて、お客様の身になって話を聞くようにしたら、「このお客様をきれいにしたい」という気持ちがどんどん大きくなっていきました。そして、どうしたらきれいになるかと、今まで以上に考えるようになりました。お客様のことを知り、お客様に対する心が芽生え、お客様と気持ちが通じ合っていったからだと思います。そして、「どうしたら」と考えて出した答えを添えて商品をおすすめすると、たいていの場合、お買い上げいただけました。この経験から、「根拠」の大切さに気づいたのです。

気づいたら実践してみがきをかけていきます。すると、新たな気づきが得られます。そうしたら、すぐに実践——この繰り返しが現在まで続いています。

私は仙台で４年間チーフを務めたあと、再び東京に異動となり大型セクションの店長としてマネジメントを学び、その後、本社でスタッフの採用や教育に従事しました。20年間会社に勤め、独立後もスタッフ教育に携わり、さらに多くの気づきと実践を重ね、接客販売で大切な心構えやスキルにみがきをかけてきました。

この気づきと実践で売れるのは、化粧品だけではありません。私は今でも、講師として現場に出ることがあり、はじめて立つ店舗で接客をして、化粧品のほか、洋服、バッグ、靴、時計などをお買い上げいただいています。

気づきと実践は、私の人生を豊かにしてくれました。みなさんにも、気づいてほしいこと、実践してほしいことがたくさんあります。なぜならば、そうすることで、みなさんの人生が豊かになると信じているからです。接客販売の仕事を通して生まれた「人とのつながり」「絆」が生きるエネルギーになり、毎日を楽しく過ごせます。

第2部 「一流」になるためのテクニック

第3章 楽しいお買い物を演出するために

1 お客様に寄り添った接客

（1）売ろうとするから売れない

わくわく感の提供

人というのは楽しいと思っているときに行動を起こします。人が持つこの性質は、買い物でも同様に働きます。つまり、お客様はお買い物の際、楽しいと思っていれば行動（購入）し、楽しいと思っていなければ行動（購入）しないということです。気持ちと財布はワンセット。気持ちがプラスに働けば、ついついお財布の紐がゆるんでしまうものです。

しかし、このように言うと、接客販売の仕事はテーマパークと同じなのかと誤解する人もいます。確かに、夢を売るという部分では似ているのかもしれませんが、私たちの仕事には、テーマパークとは決定的に違うところがあります。テーマパークが扱うのは、無形の有償商品です。お客様が代金と引き替えに得るのは、楽しい時間や空間など接客のホスピタリティそのものです。一方、私たち販売員が扱う商品には形があります。お客様には、商品を見て楽しんでいただくだけでなく、商品をお買い上げいただかないと、代金をいただくことはできません。ですから、単に楽しんでもらうだけではダメです。紐をゆるめたお財布からお金を出してもらうには、その商品の魅力を知っていただかないといけません。

商品の魅力というのは、いわゆる「商品力」のことではありません。商品力だけで売れるのなら、自動販売機でも売れるはずです。もちろん、商品そのものの魅力も私たちが伝えないといけないことの１つですが、もっと大事なことは、お客様が生活の中で実際にその商品を使ったときに発揮される魅力（効果）を伝えることです。

商品の魅力はお客様ごとに異なります。私たちがお客様に知っていただくべきことは、「そのお客様にとっての商品の価値＝魅力」です。お客様は私たちプロとは違い、商品についての十分な知識がなく、さらに、商品と自分を結びつけてその価値（効果）をイメージするテクニックもありません。だからこそ、私たちが商品の魅力をお客様に伝えるのです。そうすると、お客様は自分を素敵にしてくれる商品との出会いによろこび、早くそれを使ってみたいとわくわくした気持ちになり、お買い上げに結びつくのです。

売ろうとしてはいけない

私たちの仕事は、多くの会社組織の中で「販売員」と位置づけられていますが、販売員という言葉は、私たちの仕事である接客の本質を表していないと思います。この言葉から、「結局は売り子でしょ」と思うお客様もいますし、販売員のほうでも無自覚なまま、売らなきゃ売らなきゃとあせる人や、売る気満々のオーラでお客様を縛りつけたり、逆に、お客様を寄せつけない人もいます。

そもそも、お客様は、販売員の「売る気」を感じたとたんに、「もしも、私が買わなかったら、感じ悪くされるかも……」と誤解したり、「いらないものまですすめられそう」「買わされる（売りつけられる）」と警戒してしまいます。そうなったらもう、お買い物を楽しめなくなってしまいます。

それに加えて、私たちが売ろう、売ろうの気持ちを前面に出してしまうと、お客様を楽しませようとする気持ちが後ろに隠れてしまい、商品説明にひた走ることになります。無自覚なまま、お客様の気持ちよりも自分の売りたい気持ちを優先してしまうので、お客様はよけいにお買い物を楽しめなくなってしまいます。

これは、販売員の仕事に対する誤解から生じる負のスパイラルです。一番の解決策は、私たちが「売ろうとしない」ことです。そうすることではじめて、お客様本意の接客ができるようになりますし、お客様にもよけいな警戒心を抱かせずに済みます。

ちなみに、売ろうとしてはいけないと言うと、さまざまな誤解が生じます。特に多いのが、「私は売る気を感じさせたことがないのに、売れません。なぜでしょうか？」というものです。確かに、売る気を感じさせず、それなのに全然売れない販売員がいるのは事実です。実際に、私もそうした販売員からは買おうとは思いません。その理由は簡単です。売る気というよりも、やる気がないからです。

「やる気＝売る気」のない販売員というのは、心を込めたあいさつができない人、お客様の質問には答えられても、自分からはなんの提案もできない人です。そのため、お客様との会話ができません。やる気のない販売員の接客を受けたお客様は、会話が続かないので、しだいに息苦しくなっていきます。

「このセーター、黒はないの？」と質問したら、「はい、ございます」と答えて終わり。「Mサイズはもう、売り切れなの？」と質問したら、「はい。Lしかございません」と言って終わり。こんな答えでは、お客様は「あ、そう」と言って帰るしかありません。売れないのは当然です。

（2）お客様に対する使命を全うする

「お客様のため」がみんなを幸せにする

私たちの仕事は、お客様が欲しいと思うもの、必要とするものを一緒に探して、お客様がこれだと思えるものと出会うためのお手伝いをすることです。これが、お客様本意の接客（お客様に寄り添った接客）です。

結局は、それを売ることになるわけですが、「売ろうとする」のと「お客様が欲しいと思う商品を探すお手伝いをする」のとでは、大きな違いがあります。前者は、私たちが会社のため、そして、自分の幸せ（達成感やお給料アップなど）のためにすることです。それに対して後者は、お客様のためにすることです。これがお客様に対する使命です。

まず、この違いを認識してください。お客様を相手に会社のため自分のためとがんばっても、ほとんどのお客様は、会社やあなたのために来店されているわけではないので、協力してくれません。ですから、お客様に対しては、お客様に対する使命を全うしてください。そうすることで、お客様から「ありがとう」の言葉と望ましい結果が得られます。つまり、「ありがとう」の数だけ売上が伸び、会社もよろこぶ使命が果たせるのです。私たちはお客様の側に立つことで、会社の一員としての使命を全うし、自分の幸せを手にすることができるのです。

販売員が主導権を持つ

お客様に楽しくお買い物をしていただくためには、販売員が主導権を持って、会話やお買い物の流れをつくっていく必要があります。特に、目的もなくふらっとお店に入ってきたお客様の場合はそうです。たとえば、「あれもいいな」「これもいいな」と、あれこれ目移りしているお客様の場合、単に「そうですね」と相づちを打っているだけでは、お買い上げには到りません。お客様は単に、買いたいと思う一品に出会えていないだけなのです。そんなお客様の関心を１つの商品に導き、お客様に「これがいい」と思っていただくのも、私たちの仕事です。

ただし、販売員が主導権を持つということは、販売員が売りたいものをお客様に提案してもいいということではありません。主導権は本来、お客様のものです。ただ、お客様の大多数はお買い物のプロではないので、主導権をどう使うのかを意識していません。そこで、お客様にお買い物を楽しんでもらうために、私たちがお客様から主導権を一時的にお預かりするのです。ですから、主導権はあくまでも、お客様のために行使するのです。

お世辞や媚びは絶対にダメ

売り手と買い手――ここに上下関係を見出す人は多いと思います。しかし、販売員がお世辞を言ったり、媚びを売ったりするのは間違いです。それが販売につながることもありますが、それはお客様にとっても、私たちにとっても、望ましいものではありません。
たとえば、「そのセーター、お似合いですよ」と言った言葉がお世辞ならば、嘘の言葉でお客様にお買い上げいただいたことになります。お客様は、お世辞に気分をよくして買ってはみたものの、家でそのセーターをほかの服と合わせようとしても、「似合う」以外のアドバイスをしてもらえなかったために、どの服ともうまく合わせられなかった、なんてことにもなりかねません。そうなったら、お客様はそのセーターを箪笥にしまったままにしてしまうかもしれません。仮に、それを着て外出しても、違和感を拭えないまま楽しい気分を味わえないかもしれません。

また、これが化粧品だったらどうでしょう。根拠もなく、お世辞だけで売ってしまった化粧品がお客様にどのような影響を与えるか、考えたことがありますか？　お肌と成分の相性に問題がなくても、場合によっては、お客様はなんだか肌に合わないと感じることがあります。化粧品は心で使うものなので、お客様がその化粧品について十分に理解しないまま（販売員の説明が不十分なまま）使用すると、お客様は違和感を感じるなど、使用感に負の影響を及ぼします。

結局、こんなもの買うんじゃなかったと、お客様には後悔しか残りません。そのような思いをさせられたお店には、もう行かないでしょう。それを売った販売員やお店だけでなく、ブランドの評判も落とすのではないでしょうか。

ともに楽しむパートナー

接客販売の世界では、売る人と買う人という上下関係を超えて、お客様からお買い物のパートナーとして認められた販売員が売上を伸ばします。実は、売上を上げている販売員は、売るのが上手なのではなく、お客様とのパートナーシップを築くことが上手なのです。

接客を通じて築いたパートナーシップは、ちょっとやそっとで壊れるものではありません。なぜならば、それは実績に裏づけられた信頼に基づいているからです。まず、お客様の立場で考えてみましょう。

話をしていてとても楽しい、親身にアドバイスしてくれる、早く使ってみたいとわくわくするものを提案してくれる、使ってみたらとてもいい――。お客様にしてみれば、お買い物をするたびにこんな体験をさせてくれる人との関係を、簡単に失いたくありません。

一方、販売員にとってもお客様はかけがえのない存在です。なぜでしょうか？　その答えは、あなたはそのお客様に好意を持っているからです。

げげっ、冗談じゃない！　苦手なお客様の顔が急に頭に浮かんできた人がいるかもしれませんね。人間ですから、それも仕方のないことです。でも、いずれ、そのお客様のことも好きになってください。難しいことではありません。感謝の心が本物なら、すでに、お客様に好意を抱いているはずです。感謝の心で接していけば、その人のいいところが見えてくるので、そこだけを見るようにしていけばいいのです。

そもそも、きらいな人と一緒に楽しい時間を過ごしたり、親身にアドバイスをしたり、その人にぴったりのコーディネートができますか？　やっぱり、その人のいいところや好きなところに気がついていないとできません。それに、販売員がお客様に好意を持って接客するからこそ、お客様も販売員に好意を持つようになり、一緒にいて楽しいと思うのです。そうなると、お互いに、まるで好きなお友だちと一緒にお買い物をしているみたいに思えてきます。会わない日が続くと、お互いにさびしくなります。

現に、私が販売の現場を離れてから20年以上が経ちましたが、親しい友人の中には、私の販売員時代のお客様だった方がたくさんいます。最初は販売員とお客様という立場で出会い、接客を通してパートナーシップを築いていった方々です。会社の人事で私が販売の現場を離れることを知った際、今後はお友だちとしておつき合いしたいと言ってくださった方々です。

世の中は、金の切れ目が縁の切れ目と言ったりもしますが、私の場合、金の切れ目が友だちの始まりでした。

2 さりげなく情報を引き出す

（1）意識しないことが大事

必要な情報とは

お客様に関する情報には、顧客データ、トランザクションデータ、アンケートなどで得た情報がありますが、それとともに、お客様から直接得た情報も大事です。特に、はじめて来店されたお客様のように情報の少ないお客様については、コミュニケーションをしっかりとって、その場で必要な情報を集めておく必要があります。私が特に重視している情報は、お客様の好みとライフスタイル、直近の予定などです。これらの情報は、イマジネーションを働かせてお客様によろこんでいただける商品を提案するうえで必要なものです。

好みを知ることが大事だということは、言うまでもないですね。好みに合った提案をするだけでなく、好みとは違うけれども使ったらお客様がもっと素敵になる商品を提案して、新しい自分を発見したよろこびと驚きを味わっていただく際にも必要な情報です。いわば、お客様の感性を刺激する際に役立つ情報です。

ライフスタイルというのは、どんな仕事をしているのか、朝は早いのか、帰りは遅いのか、仕事のあとはまっすぐに家に帰るのか、いつも家にいるのか、普段はどんな服装をしているのかなどです。クロージングでは、お客様のライフスタイルとマッチする商品を根拠を添えて提案すると、お買い上げ率はぐんと高くなります。たとえば、仕事をしているお客様には職場にふさわしいおしゃれの楽しみ方を、外出が多いお客様には普段の服装をいっそう引き立てたり、コーディネートのバリエーションを広げる商品を提案すると、よろこんでいただけます。つまり、ライフスタイルは、お客様にとってどれだけ便利か（利便性）、どれだけ役に立つか（有用性）など、お客様にとってのメリットを説明する際に必要な情報です。お客様はメリットを感じないものは買わないので、とても重要です。

直近の予定というのは、旅行に行く、出張に行く、パーティーに行く、子どもの授業参観や運動会があるなど、イベントやスポット的に入る予定のことです。これらの予定をしっかりつかめば、それとマッチする商品を提案することができます。

必要な情報はほかにもありますが、すべてを引き出す必要はありません（引き出そうとしてもいけません）。お客様の来店目的に沿った、必要最小限の情報があれば十分です。

会話を楽しむ

さりげなく情報を引き出すことに苦労している販売員は大勢います。私がこれまでに受けつけた質問の多さとしては、ベスト3に入ると思います。ですが、人は「さりげなく」を意識したとたんにさりげなさを失ってしまいます。ですから、さりげなくするということは、忘れてください。

基本はこうです。お客様が来店されたら、まずは商品という共通の話題で会話を楽しんで、そのあとに商品の説明をする。これは情報収集というよりも、接客の基本的なフローです。もちろん、アプローチの仕方によっては商品説明から入ることもありますし、そのままストレートにお買い上げということもあります。しかし、お客様の多くは、単にものを買うだけでなく、私たち販売員との会話を楽しみたいと思っています。ですから、お客様が会話を拒む素振りを見せない限り、会話を楽しむことを心がけましょう。会話が弾めば、お客様のほうから提案の根拠となる情報を自然に話してくれます。

それともう1つ、「一流」ならではの情報の引き出し方があります。これはテクニックというよりも、マインドの問題です。それは、お客様を好きになって、お客様に興味を持つことです。「数あるお店の中から私のいるお店を選んでくださってありがとうございます」という感謝の心が、「お客様、好き！」という気持ちを芽生えさせ、好きという気持ちが「このお客様はどこから来て、どこへ行くんだろう」というお客様への興味をかき立てていきます。すると、素直な気持ちで会話ができます。そして、お客様は自然な形でこちらが知りたい情報を話してくれます。個人情報に厳しい時代ですが、私たちの都合で事務的に質問するのではなく、お客様から話したくなるような「自然体の接客」を心がけましょう。

お客様の中には、予め買うものを決めていたり、会話を望まないお客様もいらっしゃいますが、そうしたお客様でもこちらが好きになって興味を持つと、来店を重ねるうちに変わっていきます。最初は黙々淡々としていたお客様が、ついに会話を楽しみに来店されるようになったという経験を私は何度もしています。

ちなみに、おしゃれ感度が高ければ高いほど、「説明を聞かなくても私は知っている」と、販売員を必要としないお客様が多いようです。でも、こうしたお客様は知識が豊富で自分のスタイルをしっかりお持ちなので、普通の人とファッションの話をしても満足できません。結局、プロである私たちが一番の話し相手なのです。会話をするようになると、一番の顧客になってくれる方々です。

(2) 仮説を立てて根拠を見つける

はじめて来店されたお客様の情報は、性別、見た目の年齢、服装、来店時間など、ごくわずかです。わからないことだらけなので、まず、わかる情報をもとにして仮説を立てます。

たとえば、夏の初めの夕方、スーツを着た30歳代くらいの女性が来店されたとします。みなさんはお客様が来店されたとき、瞬時にお客様がどのような方なのか、だいたいの見当をつけますよね。でも、断定はしないでください。

確かに、接客販売に慣れてくると、この時点でつけた見当はだいたい当たっているものです（私も自信があります）。でも、プロであるなら、それを裏づける証拠を見つけましょう。そうしないと、曖昧な情報や思い込みで商品の提案をすることになってしまいます。

ですから、見当をつけるのではなく、仮説を立てます――勤めているのかな、だとしたら、夏休みをとって出かけるのかな、そのときに使うものを探しているのかな――。さっと見て、わかる範囲でかまいません。

「いらっしゃいませ」とお迎えして、アプローチを工夫して、会話のきっかけをつくります。そして、自然な流れで仮説の確認ができる話題になったときに、お客様に質問をします。

「夏休みはおきまりですか。海や山に行くときに、こういうものがあるとすごく便利なんですよ」

季節にあった、自然な質問です。さらに、ただ質問をするだけでなく、ストーリー性のある提案をつけ加えています。この質問の答えで、お客様が勤めているのかどうか、夏に誰かとどこかへ出かけるのかどうか、その商品に関心があるかなどがわかります。さらに発展させていけば、結婚しているのかどうかなど、根拠のある提案に役立つ情報が得られます。

ストーリー性のある提案とは、商品と一緒にそれを使う場面（ＴＰＯと情報）も提案することです。それによって、お客様のイマジネーションを刺激します。この時点でお客様が関心を示したら、そこから商品説明に入ります。たくさんのお客様と接していくうちに、この時点でのお買い上げ率が上がっていきます。

もっとも、これは本当の提案ではありません。あくまでも、仮説を確認するためのものなので、お客様が関心を示さなくてもかまいません。

仮に、先ほどの質問にお客様がこう答えたとします。

「私、仕事してないのよ」

仮説が外れてしまいましたね。でも、この点については、正確な情報がとれました。お客様の反応を見ながらフォローの言葉を添え、話を発展させていけばいいのです。そうやって、会話の中から、その人のライフスタイルが自然とわかっていきます。

3 売ろうとせずに目標を達成する

（1） 売上額を目標にしない

目標は接客するお客様の数

売上を上げることとは、会社にとっても、私たちにとっても大切なことです。特に、販売会社に勤めている人は、その大切さを痛感しているのではないでしょうか。もしかしたら、目標に追われ、お客様にとって必要のないものまでおすすめしようとしていませんか？　それだと、お客様ではなく売上を見て接客をしています。常に、お客様に寄り添った接客を心がけましょう。

たとえば、販売員が10人のお店に会社から４０００万円の売上目標が提示された場合を考えてみます。売場の責任者はまず、１人ひとりの目標額を決めていきます。経験の浅い○○さんは２００万円、ベテランの△△さんは５００万円、店長の私は６００万円というように、キャリアや役職を考慮して割り振っていきます。そして、1人ひとりの目標額を明確にしたら、目標達成に向けてみんなでがんばる！——というのが普通ではないでしょうか？　でも、これだと、目標金額を達成するためにスタッフの心は「売らなきゃ」「売らなきゃ」の想いでいっぱいになって、お客様の側に立った接客ができないおそれがあります。

そこで、提案です。1人ひとりの目標額が決まったら、その金額を達成するために何人のお客様に接客をすればよいかを計算して、接客するお客様の人数を目標にしてはいかがでしょうか？　そして、接客した人数のうち、何人がお買い上げに結びついているかの平均値を出して、今後の参考にします。私は売場の責任者をしていた時、このようにして予算を達成していました（責任者でないスタッフが読んでも役立ちます）。

その考え方と具体的な方法は次のとおりです。

お客様1人あたりの売上額の確認

たとえば、300万円の売上が必要なとき、大きく分けて、単価の高いものを主体にして目標を達成する方法と、買上点数を主体にして目標を達成する方法があります。単価の高いものを売って目標を達成しようとするのは、ベストな方法ではありません。

そもそも、単価の高いものは、売ろうと思って売れるものではありません。お客様のニーズやウォンツにマッチして、はじめておすすめするものです。それなのに、私たちに売らなければならない事情があると、必要としていないお客様にまで単価の高いものをすすめたくなります。実際のところ、金額を目標にすると、たいていの人はこの誘惑に勝てません。必要がないうえに値段の高い商品を買うお客様なんていないことは、十分承知しているはずなのに……。

お客様１人あたりの売上額と接客する人数を目標にすると、こうした過ちを回避できます。もちろん、そのお客様にとって最適な商品が高い単価のものであるならば、その根拠をきちんと説明して、自信を持っておすすめしてください。

（２）目標は押しつけない

私は目標を決めても、それを押しつけることはしませんでした。１人ひとりと話をして、スタッフが自分で考え、自分が納得した目標を出すように促していました。だいたたい、次のような感じです。

髙　橋：Aさん、来月のあなたの目標額200万円に対して、何人くらいのお客様を接客しようと考えてる？

Aさん：そうですね～……20人くらいでしょうか。

髙　橋：なるほど。と、いうことは、1人のお客様が10万円購入する前提だよね。

Aさん：そうなります。

髙　橋：お客様のニーズ・プラスアルファの提案型の接客を成功させないと、1人10万円のお買い物はしていただけないよね。

Aさん：そうですね。

髙　橋：それと、20人のお客様全員がお買い上げに結びつけば達成するけど、じっくり考えて、後日来店する方もいらっしゃるでしょうし、あなた自身のやる気がお客様のプレッシャーになって、いい接客ができないんじゃない？

Aさん：大丈夫です！　新製品の発売もありますし、私、やってみます。お客様全員にお買い上げいただくようにがんばります！

やる気満々ですが、目標が違う方向へ向かってしまいました……。こういうことも、時にはあります。

髙　橋：やる気があるのはうれしいけど、でも、お客様のご都合もあるでしょう。売りたいのはこちらの都合だから、それを押しつけたら、お客様にお買い物を楽しんでいただけないばかりか、二度と戻ってきてくださらない危険があるよね。お客様には何度も来店していただいて、少しずつ、でも確実にうちのブランドや商品を好きになってもらいたいよね。

Aさん：でしたら、接客するお客様をふやしたほうがいいですか？

髙　橋：そうね、それがいいと思う。じゃあ、20人のお客様にお買い上げいただくには、何人のお客様を接客すればいいかを考えよう。

Aさん：そうですね……。では、40人、いえ、60人を接客目標にします！

髙　橋：それなら、無理はないわね。そもそも、１００％の確率で考えていたくらいだから……。40人なら２人に１人、60人なら３人に１人にお買い上げいただければいいわけだから、それならできそうね。だけど、1人10万円のお買い上げ金額の設定は無理じゃないかしら？

Aさん：……はい。なんとかやってみます。

髙　橋：関連販売（セット販売）をして、買い上げ点数を上げれば可能かもしれないけど、気持ち的に高額品をすすめたくなったりしないと言い切れる？

Aさん：でも、それも1つの方法ですよね？

髙　橋：もちろん、その商品がお客様にぴったりならおすすめすべきだけど、ほかに方法はないかしら？

Aさん：じゃあ、お買い上げ客数をふやします。

髙　橋：そうね、どうする？

Aさん：お買い上げ人数を30人にして、接客人数を70人目標にします。

髙　橋：そうね。それなら、お1人あたり6万6０００円のお買い上げ予測で、購入確率は40％くらいだから、無理のない設定ね。

Aさんは察しがよくて、理解力もあります。実際のところ、お客様に寄り添った接客で、30人のお客様に6万６０００円のお買い物をしていただくためには、その倍以上の70人の接客を目標にしないといけません。その中で、高額なものをお求めになるお客様もいますが、それは天から降ってくる特別ボーナスのようなものだと思っておきましょう。目標はあくまでも、接客するお客様の人数です。

単価はあまり気にしないでください。それよりも、１人のお客様にコーディネートの提案をしたり、セットで使うことのメリットをお伝えしたり、新たな発見に結びつくような関連商品を紹介したりして、買い上げ点数をふやすことも結果として単価アップとなるのです。

（3）ワークスケジュールの組立て方

全員の目標が決まったら、それに対応するワークスケジュールを立てます。その際に気をつけることとは、一番売れる時間帯は販売員の人数が一番多くなるようにすることです。おなかがすいたからご飯を食べに行きます――なんていうのはプロとは言えません。来店客数が一番多いのが金曜日の午後4時以降だとしたら、全員が午後4時までに食事や休憩を済ませるように徹底させて、万全の態勢を整えます。百貨店など大きなイベントやキャンペーンがあるとき、混むとわかっている日などは、いつもより朝食をしっかり食べて備えるか、軽めの朝食にしておいて早めにランチに行くなど、事前に計画を立てることは可能です。

どんなに混んでいても、お客様を待たせない。それが何よりのホスピタリティです。お客様で混む時間帯をしっかり把握して、人数を揃える。そうでないと、お客様1人ひとりにかける時間が短くなり、十分なサービスができません。

お客様は魚ではないので、〝さばく〟ものではありません。さばくとは、「こなす」「終わらせる」という意味です。たまたま忙しい時間帯に来店されたお客様に責任はありません。それなのに、さばかれるのは不本意でしょう。お客様は、もてなすべきです。どんなに忙しくても、一挙・一動・一言を工夫するだけでおもてなしの心は伝わります。

4　苦手なお客様を楽しむ

（1）苦手なお客様は誰にでもいる

けなすわりにまた来るお客様

苦手な人や変な人を嫌ったら、もったいないですよ。好きになってみると、変な人はそこがおもしろい。苦手な人は自分が持っていないものを持っているので、そこから目が離せなくなっていきます。興味を持って、会話を楽しんで、コミュニケーションスキルをみがく訓練もさせてもらえます。

私の経験を紹介します。化粧品の売場で接客をしていたときのことです。

そのお客様は無口で無表情、交わす言葉といえば、私が「この間の化粧水、どうでしたか?」と伺っても、「いまいちだった」と答える程度でした。お客様が口にする言葉の9割以上が、商品をけなすものだったような気がします。私はこのお客様が苦手でした。

でも、私は会った瞬間からお客様を好きになります。おすすめした商品をけなされてがっかりするより、お客様に合った化粧品を探し出そうと、いつも一生懸命接客しました（単にむきになっていただけ？）。でも、お客様の使用後の感想は毎回「いまいちだった」「よくわからない」で終わりです。私はこのような変わった人（失礼！）をよろこばせることに意欲を燃やすタイプです。

それでも、お客様は無口で協力的ではありませんでした。ここまで気に入ってもらえないのなら、もうお店には来ないかもしれないと思うこともありました。それなのに、お客様は定期的にやって来て、商品がお気に召さなかったようなことを言うのですが、結局、いろいろ買って帰っていくのです。

ある時、私は気づきました。このお客様は照れ屋であまり社交的ではないだけだったのです。本当は、私がすすめた化粧水を気に入っていたようです。使ってなくなるから、新しいものを買う。無口なのは、私がいいと思って選ぶものをお客様もいいと思っていて、多くを語る必要がなかったから。つまり、お客様は、接客も商品も気に入っているけれど、何となく照れくさくて、「あれ、よかったわ」と言えなかっただけだったたのです。

そもそも、このお客様ははじめから無口な人でした。無理にしゃべらせたり、笑いをとらなくてよかったと思いました。お客様によっては、用件だけを効率よくお話しする。こういう形でのお買い物の楽しみ方もあるのです。

お客様が楽しければ、私も楽しい！　私は、そのお客様が来店するのが待ち遠しくなりました。でも、会話のない、けなされるだけの接客というのは、私の趣味に合いません。それに、お客様が私を相手に楽しんでいるのですから、私もお客様を相手に楽しまないと不公平です。私は、ある目標を掲げ、お店のスタッフ全員の前で宣言しました。

必ず、あのお客様に「よかった」と言わせてみせる！

最初からそのつもりで接客をしてきたのですが、こうやってみんなの前で宣言すると、お店に活気が出てきます。それまでは、私以外の販売員はそのお客様が来店すると、さわらぬ神にたたりなしと言わんばかりに身を潜めていたのですが、その後、お客様の反応を見るために姿を見せるようになりました。遠巻きに見ているだけでしたけど……。それでも、ギャラリーがいると燃えてきます。

「お客様、この間の美容液のサンプルはお使いになってどうでしたか？」

「なんかねぇ……。ちょっと、物足りないのよ」

その後も、お客様はいつものとおりでした。でも、売場のみんなはそれを見て、「やっぱり」という顔をしていました。不謹慎かもしれませんが、お店の雰囲気が明るくなりました。

思うようにいかないことはよくあります。そのようなとき、落ち込んでいても仕方ありません。今度こそよろこんでいただくんだと、誠心誠意お客様に尽くせばいいのです。だって、このお客様も立派な顧客なのですから、私はプロとして、お客様の肌の変化や感じたこと、お選びした商品のメリットなどをそのまま伝え続けました。

そのかいあって、ようやくお客様からお褒めの言葉をいただくことができました。

「あれは、まあまあだったわ」

「よかった」までは言ってもらえず、これが限界でした。でも、言われた瞬間、飛び上がりそうになるくらいうれしかったんですよ！

特別なことはしていません。私自身、苦手意識を捨てて先入観も持たず、お客様が無表情であっても、笑顔で接客し続けただけです。

（2）接客難民を救え！

マンネリ化禁止！

人は人を「見た目」で判断します。仮に、判断まではいかなくても、見た目が参考になることはあると思います。見た目とは、表情・服装・ヘアスタイルだけでなく、態度も入ります。

前著『ＴＨＥ　接客！』では、ベテランとはマンネリ化した社員であると述べました。長年同じことをしていると、行動や思考が固定化されて、変わりばえしなくなっていきます。今までこうだったから、これからもこうしていけば大丈夫……。マンネリによってこうした考えを持つようになり、「思い込みと先入観」が芽生え、頭の中を覆っていきます。失敗は成功の元と言うように、過去を参考に未来を切り開ければいいのですが、ついつい過去の経験がインプットされてしまい、前回と今回を重ね合わせてしまうのです。

接客販売においては、同じお客様は2人といないのですから、お客様を見た目だけでタイプに分類して、前のお客様と今のお客様を勝手に重ね合わせてはいけません。見た目も情報の1つですが、それだけではお客様のことを知る根拠として不十分です。

それなのに、経験を重ねれば重ねるほど、こういうタイプは買うとか買わないとか、アタリをつけてお客様を値踏みしてしまいます。

ぞんざいに扱われるお客様

確かに、行動パターンからお客様を次の3つに分類することができます。

① 話しかけてもろくに返事もせずに黙って商品を見ているお客様。

② 商品に興味を示して積極的にいろいろと質問してくるお客様。

③ 斜に構えて販売員と目も合わさずに店内を歩き回っているお客様。

私は実際にさまざまなお店を訪れ、これらの3つのタイプを演じたことがあります。お店ごとに違うタイプを演じて販売員の反応を調べた結果、接客の内容に次のような違いがありました。

①と③のお客様は、雑に扱われます。もしくは、途中で見捨てられます。さらに、かなりラフな服装で行くと、アプローチすらしてくれないことがありました。たとえば、

白い無地のＴシャツとデニム姿の場合は、そのような扱いをされました。そのような扱いをされたお店には、もう行きたくありません。

②のお客様は、とても大事にされます。興味のない商品についても丁寧に説明してもらえます。しかし、購入するかしないかで、応対が異なりました。購入した場合は、名刺やショップカードがもらえました。逆に、何も買わなかったときは、販売員の笑顔は事務的で、ショップカードはおろか名前すら名乗ってくれず、「またお待ちしております」という言葉とは裏腹の応対でした。そういうお店には、また行きたいとは思いません。

「つもり」と「はず」が過ちのもと

お客様は１人ひとり顔が違うように、事情もそれぞれ違います。ビシッときめているときもあれば、ラフな格好のときもあります。目的を持って来店するときもあれば、何かいいものはないかと、気軽に店内を見て回りたいときもあります。今買わなくても、お給料が入ったら買おうとか、記念日に買おうとか、そう思って胸をときめかせているお客様もいるでしょう。販売員の思い込みで、それに水を差すようなことをしたら、お客様はがっかりして、もうそのお店に行きたいとは思いません。どんなお客様でも、ご来店いただいたことへの感謝を忘れてはいけません（警備員を呼ばなければならないような酔っぱらいとか、危険物を持ってくるような人物は例外です）。

お客様は見る気も買う気もあるのに、見た目や販売員の経験だけで判断されては、あまりにも悲しすぎます。お客様は私たち販売員を選べても、私たちはお客様を選んではいけないと思います。

自分の身になって接客してもらえないために、ふさわしい商品や買いたいものに出会えず、何軒もさまようお客様を接客難民と定義します。

そんなつもりはない……。こんなはずはない……。

そう思ってはいけません。この「つもり」と「はず」が、くせ者です。私たち販売員に悪気がなくても、この人は買いそうだとか、買わないだろうとか、予測を立てることはお客様に失礼です。売ろうとするから、そのような判断をしてしまうのです。そのために、将来の顧客を自ら逃しているとしたら、本当の難民はお客様ではなく、販売員のほうなのかもしれませんね。

〈コラム〉 笑顔が出せない販売員がいたら……………………

救いを求めるサイン

笑顔のない販売員に、私は笑顔を出せとは言いません。必ず笑えない理由があるので、笑顔の阻害要因となっていることを探って取り除いていきます。要因として考えられるのは、①悩みや不安がある、②楽しくない、③何か悪いことを決意した、④体調不良――のいずれかです。

いきなり、「どうしたの、元気ないね」とも言いません。なぜならば、その質問に答えられるようなら、笑顔が出せなくなる前に、自分から相談に来ているはずですから。新人や経験の浅いスタッフというのは、何かあっても、なかなか自分から悩みを打ち明けられないものです。発言と行動のすべてが自分の評価に直結すると思っていることも、原因の1つです。私も新人の頃、「なんでもきいてね」と、先輩からよく言われていましたが、そう簡単にはきけませんでした。だって、「そんなこともわからないの」と思われそうで……。

つまり、誰にも相談できず、抱え込んでしまっていると、人は笑顔から遠ざかるのだと思います。笑顔が消えるということは、「私、悩んでるんだよ。気づいてほしい」という、潜在的なサインなのかもしれません。

思いやりや期待を伝える

そのような場合、「どうしたの？　いつもの○○さんじゃないみたい。相談にのろうか？」と話しかけてみます。すると、返事は次の２つに分かれます。

①　ありがとうございます。大丈夫です。

②　実は……。

①の場合、「大丈夫です」と答えた人にそれ以上の質問はできませんし、そうかといって、「あ、そう。それならいいんだけど」と言うのも味気ないです。そのようなときは、相手に対する想いや期待を伝えると、相手の心がリラックスして話しやすくなります。たとえば、「大丈夫」と答えた部下に対して、私はこう言ったことがあります。

「そう？　何か悩んでいるように見えたから心配なのよ。私に解決できるかどうかわからないけど、聞いてもらうだけですっきりした！　なんてこともあるから……。じゃあ、来月の企画について担当してほしいことがあるんで、ミーティングしたいから、何かあればその時に聞くね」

相手にも心の準備が必要です。その場で言いにくいこともあるので、時間を与えて考えを整理させることが必要です。そのために、部下に任せる仕事をつくって、２人だけで会う時間を設けることにしました。その時に笑顔になれない理由や原因を探ろうと思ったのです。これが功を奏して、問題解決に到りました。

おかしいなと思ったとき、その場ですぐに話を聞きたいと思うものです。たとえば、ひょっとして、辞めたいと言うんじゃないか？　こんな忙しいときに困る！　と思ったら、上司としてはすぐにでも相談にのって問題を解決したいはずです。しかし、自分の立場を優先させたら、相手の心をかたくなにしてしまう危険があります。

笑顔は生きるエネルギー

接客をするうえで、笑顔は絶対的不可欠要素です。人は楽しい人の周りに集まってきます。笑顔を見ると笑顔になれます。お店でも、笑顔の素敵な販売員やウエイトレスのところに注文が集中したりします。

そして、何より、笑顔になれない自分は、生きるエネルギーまで失いかねません。仲間や部下のサインに気づいたら、見て見ぬふりをしてはいけません。あなたの変化に気づいているよ、という信号を送るだけでも、相手にしてみればうれしいし、立ち直る第一歩になると思います。また、よからぬことを考えていても、自分ひとりで結論を出す前に、その原因となっているいらぬ心配や誤解があった場合は、それを取り除くチャンスになるかもしれません。

もちろん、「仕事なんだから、笑顔じゃないと困るのよ！」と、ストレートに言うことを否定しませんが、指示・命令されて出す笑顔には心がないので、意味がありません。思いやりを持って、根本的な解決に導いてほしいものです。お客様を全員で快くもてなすために、そして、縁あって一緒に働いている人たちが明るく楽しく過ごせるように――。

笑う門には福来たる。

第2部 「一流」になるためのテクニック

第4章 モチベーションなくして人は動かず

1 お客様をやる気にさせる

（1）お客様だって販売員をよろこばせたい

お客様にとってのやりがい

私たちが仕事にやりがいを求めるように、お客様はお買い物にやりがいを求めます。お客様にとってのやりがいの1つは、気に入った販売員をよろこばせて、そのよろこびを共感することです。

たとえば、1つ商品が決まってから、お客様のほうから「これもいただこうかしら」と言われたことはありませんか？　これは、人にいいことをしてもらったら、それと同じようにいいことをしてあげたいという、返報性の法則に基づいた行動です。お客様はあなたの接客に満足して、あなたのことを気に入ったから、あなたのことをよろこばせたいという気持ちになっているのです。

このように、お客様は気に入った販売員をよろこばせるために、予定外のものまでお買い上げになることがあります。私の販売員時代を思い返してみると、「今日は、いろいろ買うわよ！　あれとね、これとね……」と言いながらうれしそうに店内を歩き回り、たくさんの商品をお買い上げくださったお客様の顔が浮かんできます。その時の感激がよみがえり、今でも涙が出そうになります。これこそ、本当の意味での顧客（固定客）です。

顧客とは

顧客には大きく分けて、①そのブランドを買うときはそのお店でしか買わない、②そのブランドならお店を問わずどこででも買う――という２つのタイプがあります。

②のタイプは、商品（ブランド）への関心が強い顧客で、別のブランドから魅力的な商品が出れば、そちらになびいていきます。人とモノ（商品）とのつながりというのは、そういうものです。デザイナーやマイスター（職人）たちが生み出した商品やブランドストーリー（物語）がどんなにすばらしくても、デザイナーもマイスターもそのお客様のことを知りません。人間関係としては、お客様からの一方通行です。そのため、

別のブランドからの呼びかけ（魅力的な商品とストーリーの提示）があれば、あっさり別のブランドへと関心が向かいます。

一方、①のタイプは、お店（販売員）との結びつきが強い顧客です。人と人との結びつきは、「絆」という言葉で表されるほどの強いものです。その字が示すとおり、半分半分で結ばれた双方向の関係なので返報性の法則が働きます。ですから、私たちがお客様のために務めれば、お客様も私たちのためにと、他のブランドに行かずに私たちのお店に来店し続けてくれるのです。

お客様が顧客であり続けてくださる理由はそれだけではありません。私たちは、そのブランドの代弁者となって、彼らが生み出した商品の魅力や物語を伝える役割を担っています。つまり、私たちが媒介となってブランドとお客様の双方向の関係を築くことで、ブランドとお客様の結びつきを強めているのです。

購買意欲を刺激する

顧客になっていただくために、そして、顧客であり続けていただくためには、お客様にやりがいを感じていただける接客を心がける必要があります。販売員はお買い物のお手伝いをするプロですが、お買い物の主役はお客様ですから、私たちは助演俳優としてお客様を引き立てます。

たとえば、お客様が購入の意思を示したら、「ありがとうございます」で終わらせずに、「今までにない全く新しいデザインなんですよ。さすが、お目が高いですね」と答えます。その際、言葉だけでなく表情や声のトーンからも、お買い上げいただいたことへの感謝・よろこび・共感の気持ちを伝えます。そうすると、お客様は「このお店で買ってよかった」と、よろこびと充足感を得ます。そんな時、お客様はもう１つ追加したくなってしまうものです。

決して、無機質な表情と声で接客をしてはいけません。そうすると、お客様は「せっかく楽しく買い物したかったのに……」「これだけ買ってあげたのに……」という気分になってしまいます。

ところで、一流をめざすのであれば、これがおべっかやお世辞でないことはご理解いただけますよね。これは、お買い上げいただくための言葉ではありません。お買い上げが決まってからの言葉です。一生懸命お客様にふさわしい商品を探して、心を込めて接客して、お買い上げいただいたとき、うれしさとお客様の決断のすばらしさに、お客様が素敵に輝いて見えることはありませんか？　その時の気持ちを素直に言葉に表せばいいのです。その気持ちはきちんとお客様に伝わります。

（2）お客様のやる気を削ぐＮＧワード

ほかによろしかったでしょうか

お客様をその気にさせる一言がある一方で、お客様に言うべきではないＮＧワードもあります。「ほかによろしかったでしょうか？」は、その代表例です。

「これ、いいわね。いただこうかしら」

「ありがとうございます。ほかによろしかったでしょうか？」

先ほどの、感謝・よろこび・共感を伝える言葉と比べると、事務的で心のない言葉ですね。「ありがとう」とは言っていますが、感謝の心が感じられません。販売員のよろこびも感じられません。それと、過去形の語尾は今や一般的に使われていますが、聞いていて違和感を拭えません。もし言うなら「よろしいですか」と現在形にしたほうが、素直に耳に入ってきます。

また、お客様が買うと決めた商品には関心を示さず、ほかの商品に関心を向けている点もよくありません。この時のお客様の関心は自分が購入した商品に向いているはずですから、お客様はこの質問に耳を貸さないのではないでしょうか？　仮に、ほかにもう1品買うものはないかと確認するのであれば、お客様が購入を決めた商品を褒めて、これに合わせてこちらの商品も揃えるとこんなに素敵になりますよと、お客様が買った商品をより輝かせる提案をしたほうが、お客様の関心を引くはずです。

そもそも、販売員はお客様の潜在ニーズを引き出して、ほかにも欲しいもの、必要なものを見つけるためにいるのです。それがプロの仕事であり、プロの技がお客様を楽しませるのです。販売員がそれをせず、「ほかによろしかったでしょうか」などと誰にでもできる質問をしたら、お客様のもう1品追加しようかという気持ちを萎えさせてしまいます。

一般的に使われている「よろしかったでしょうか」は、質問の意味が曖昧で、お客様任せの投げやりな言葉にも受けとれます。これはプロが口にする言葉ではありません。

仮に、この言葉を使うのであれば、語尾を現在形にして次のように使うべきです。

「ありがとうございます。サイズはMでよろしいですね？」

「こちらは黒とネイビーブルーがございまして、とても似て**おります**。お客様は黒で**お間違いない**ですね？」

このように、サイズや色など類似した商品があるときに、間違えないようにするための確認に使います。「よろしいでしょうか」を「間違いないですか」と言い換えることもできます。

大丈夫ですかシンドローム

「よろしいですか」と「大丈夫ですか」を混同しているケースもよく見られます。私はこれを、「大丈夫ですかシンドローム」と呼んでいます。たとえば、洋服のサイズを確認する場面を想定してみましょう。

「これ、いいわね。いただこうかしら」

「こちらMサイズです。大丈夫ですか？」

Mサイズだと、何か不具合があるようなニュアンスを感じませんか？　Mサイズを着るには太りすぎていますよ。そう言われたようにお客様が感じてしまう危険がいっぱいです。

実際にあった怖い話として、こんな誤解が生じることもあります。

「じゃあ、カードでお願いします」

「お支払いは一回払いで大丈夫ですか？」

……分割にしなくても、払えますかってこと？

果たして、お客様がそのような意味で受けとったかどうかはわかりませんが、聞きようによっては、気分を害してしまうのも事実です。

「大丈夫ですか」という質問には、その前提として、何らかの不具合や不都合がある場合が多いのではないでしょうか。たとえば、お客様がつまずいて「痛い！」と声をあげたような場合は、「大丈夫ですか？」ときいても、失礼にはなりません。仮に、「大丈夫なわけないでしょ」と答えが返ってきたとしても、安否確認として当然の質問です。

そういえば、私がジャケットを買った時、販売員さんから「パンツは大丈夫ですか？」と言われたことがありました。私は、そこまで気づかってくれなくてもいいのにと思いながら、「はい。パンツは家で元気にしております」と答えておきました。

私たちには、プロとしての言葉遣いが求められます。居心地のいいお店を演出するには、「耳ざわりのよい言葉遣い」が大事な要素です。お客様に確認する際は、正しい言葉遣いを意識してください。

（3）買う理由を提供する

販売員の匠の技

お客様に買う理由を提供するのが販売職の匠の技です。効果的な使い方をお客様ごとに個別にアドバイスするのがプロの仕事です。

お客様はアマチュアで、われわれはプロです。アマチュアはお金を使って趣味を楽しみます。プロはお金をもらいます。私たちは、その違いをはっきりと意識して、プロとしての務めを果たすべきだと思います。私たちの仕事は、商品知識や流行などのさまざまな情報を得る努力をして、お客様に新しい情報や商品を提供することです。お客様が趣味を楽しめるように、お金をもらってアドバイスをして、商品を提供しているプロなんだということを自覚しましょう。このアドバイスが、お客様にとっての買う理由になります。

ストレス解消のお手伝い

衝動買いというものがあります。面白くないことがあったときにパッと買い物をして、ストレスを発散するわけです。衝動買いは女性だけでなく、男性にもあるそうです。

私も結構な高額品を衝動買いすることがあります。買ったものすべてに思い出があります。あの時にこんないやなことがあって買ったネックレス、あの時にあんないやな思いをしたから買ったバッグとか、思い出の品がいくつかあります。

私はたまに、何気なく目に入ったバッグを眺めながら、15万円もぽんと出して買ったけど、なんでだっけ？　と考えることがあります。そして、あの時すごくいやなことがあったんだっけ……と、その出来事や買い物でストレス解消をしたことを振り返ります。衝動買いを後悔しているのではありません。むしろ、買い物で救われた気持ちになります。

このほかにも、衝動買いではありませんが、いいことがあったときや普段がんばっている自分への「ご褒美」としての高額品の購入もあります。

時に、そういう目的の買い物もありますから、いやなことがあってストレス解消で買い物をしているお客様も楽しくしてあげるべきです。自分への「ご褒美」なら、その気持ちをさらに盛り上げて共有するべきです。

もちろん、お客様がどんな心境で来店されているのかはわかりませんから、まずは、「楽しみたい」という純粋な気持ちで会話をすることです。そうすれば、自然とお客様の背景を知ることができます。

2 ユーモアは心のリラクゼーション

(1) ユーモアの力

ユーモアとギャグは違う?

ユーモアを介した会話とそれによる特別感の演出は、接客販売においてこそ、真価を発揮します。ユーモアは販売員とお客様の心の距離を縮め、購入やリピート率を確実に向上させるからです。

その一方で、ひとつ間違えれば、売ることを目的としたお世辞やおべっかとして受けとられたり、最悪の場合は「失礼な」「なれなれしい」と、クレームに発展する危険もあります。日本人はとかく、ユーモアを交えた会話というのが下手です。ユーモアのセンスがないとまでは言いませんが、もっとみがいたほうがいいのは確かなようです。

たとえば、日本のお笑い番組では、人を叩いたり、蹴ったり、毒舌をふるうなど、誰かをおとしめて笑いをとるものや、変なメイクや奇抜な格好をして笑わせるようなものが目立ちます。こうした笑いは接客に役立つユーモアではないですし、演じている芸人さんたちもユーモアとは言わずにギャグと言っています。芸人のギャグはプロとして計算されたもので、万人ウケすることが大事だと思います。私たちのユーモアは、計算することなく、自然と浮かぶものであり、相手に合わせる個別対応力が必要です。

英米のユーモアに学ぶ

海外にもギャグで笑わせる番組はたくさんありますが、アメリカやイギリスではそれに加えて、会話で人を楽しませるコメディー番組も数多くあります。私の好みもあるのでしょうが、アメリカのコメディー番組は特に、人の心を和ませるユーモアが盛りだくさんです。観ていると、どのような場面で、どのような言葉を、どのような表情や仕草で言うと効果的か、そのようなことがわかってきます。

こうした番組から私が特に学んだことは、表情の大切さです。欧米人はとても表情が豊かです。多様な表情を上手に使い分けることによって、普通に言ったらきつい一言を、マジックのようにユーモアに変えてしまうのです。鉄仮面のような無表情では、相手の笑いを誘えません。表情は訓練すれば必ず上手につくれるようになります。ポイントは、目、眉、口元の3ヵ所の使い方です。

また、番組を見ながら、「このセリフ、こんな場面であのお客様に使ったら、よろこんでもらえそうだな」「このシチュエーションなら、私だったらこう言うな」など、お客様の顔を思い浮かべながら頭の中でお客様との会話を楽しむことで、会話のシミュレーションになります。

私は接客をしながらいつも、ユーモアでお客様を楽しませる機会を窺っていました。ただ待つだけでなく、会話をしながらお客様を観察して、そうした場面をつくるための布石を打っていきました。そして、ここだという場面でそのセリフを言うと、お客様はとてもよろこんでくださり、必ずご購入に結びつきました。ユーモアは、研究してセンスをみがく価値のある、立派なテクニックなのです。

（２）お客様との関係づくり

緊張関係をほぐす

お客様と販売員の間には、買う側と売る側という、金銭のやりとりをする一種の緊張関係があります。ですから、お客様に心から楽しんでいただくためにはまず、お互いの緊張をほぐしていかないといけません。

この緊張をほぐしてくれるのがユーモアです。会話や説明の中にユーモアを交えて、お客様がほっと一息つける時間をつくるのです。もちろん、むやみに連発すると、「ふざけてるの！」と気分を害されるかもしれません。会話の中で布石を打っていき、ここぞというタイミングで上手に使ってください。ユーモアは、心のリラクゼーションです。

商品の説明や提案でプロとしての知識やセンスをアピールし、ユーモアでお客様の心を和ませる。そうすることで、プロとしても人間としても信頼されるようになり、売る側と買う側という立場を超えた、いい関係ができていきます。そうなると、お金を払う側と受けとる側というような上下関係のないコミュニケーションが可能になります。それこそが、お客様が心からお買い物を楽しむことができる関係です。

ユーモアでお客様に一喝

これは、私が美容部員だった時の話です。私が絶対の自信を持っておすすめしたマスク(パック)をお買い上げいただいたお客様が、2ヵ月後に来店されました。私は期待に胸をふくらませ、マスクの使い心地について伺いました。

「ごめんなさい。まだ使ってないのよ~」

え~、なんでぇ~! お客様が使えば効果抜群なのに……。私は心底がっかりしてしまいました。この想いをどんな言葉で伝えよう——私はすぐさま笑顔でこう言いました。

「○○さま、持っているだけではきれいになれません。使ってください」

「ほんとよね~。早速、今晩から使うわ」

想いは伝わりました。ユーモアで返したのは、ウケをねらったわけではありません。

まさか、「どうして買ったのに使わないんですか」と叱るわけにはいきませんし、黙ったままだとアドバイザーとしての役割が果たせません。とっさに出てきた一言です。

私はその後しばらくの間、サンプルや化粧品を使っていないお客様に同じフレーズを使って、お客様への想いを伝えていました。ただ、これは、安易におすすめできるフレーズではありません。声のトーンや表情（笑顔）などに十分注意を払わないと、お客様を怒らせてしまいます。使うのであればまず、心にゆとりを持って、リラックスしてください。

化粧品に限らず、洋服やバッグなど私たち販売員がおすすめする商品は、買った・持ったというだけではおしゃれになれません。商品にしても、使ってもらってはじめて、生き生きとします。使ってこそ、お客様も商品も輝くのです。販売の仕事をしていて一番悲しいことは、せっかくお求めいただいた商品を使ってもらえないことです。それに、商品には鮮度がありますから、できるだけ早く使ってもらいたいですね。

私たち販売員には、おすすめした者としての責任があります。あのお客様は、あの商品を使ってどうだったかしら、気に入っていただけたかな――。それを確かめるために、ＤＭや電話などでフォローするのです。売らんがためではないその純粋な想いがあれば、儀礼的でもない、事務的でもないお客様の身になった的確なフォローができます。

3 信頼・承認・尊重の3原則

(1) 信　頼

裏切りさえも受け入れる

信用と信頼は違います。信用とは、過去の実績や評判などに裏づけられたものであり、信頼はこの人なら大丈夫といった、精神的な安心を伴うものです。ここでは、信頼について説明します。

信頼は、相手をよく知るだけでなく、自分のこともよく知ってもらうことから始まります。そして、お互いが相手を十分に理解して受け入れれば、信頼に結びつきます。そのためには、積極的な双方向のコミュニケーションが大事です。

本当の信頼とは、自分が期待していたことと違うことを相手がしたとしても、あるいは裏切られたとしても、全部含めて受け入れることです。相手を信じること、任せること、これが信頼の証しです。いかにお客様に信頼していただけるか、いかに自分がお客様を信頼するか、そのためにお互いを知ることがとても大事です。

信頼は相手にわかる形で示すことはできません。お互いのことをよく知ることで、「大丈夫」の裏づけを心で感じ合うものです。

相手の裏切りさえも受け入れるなどと言うと、それは理想であり、現実はそうはいかないと思ってしまいがちです。でも、信頼は「今」しているものであり、裏切りは「将来」に発生するかもしれないものです。仮に、これから先、起こるかどうかもわからないことを心配して誰も信頼できないのだとしたら、それは疑心暗鬼というものです。孤独に陥ってしまいます。

負の感情に支配されてはいけません。信頼することは、すばらしいことであり、人生を豊かにするうえでとても大切なことです。仮に裏切られたとしても、それは相手がしたことで、あなたが悪いわけではありません。裏切りをおそれたり悲しんだりするよりも、信頼することができる自分、信頼することができた自分を誇りに思ってください。

もちろん、犯罪の臭いがする相手には気をつけてください。詐欺などに巻き込まれたら、こんな悠長なことは言っていられません。

通常の人間関係では、もっと気楽に構えたほうが人生を楽しめますよ！

信頼は売上アップにつながる

売上はお客様がつくってくださるものです。接客においては、お客様との信頼関係が業績にも直結します。

私たち販売員は会社の一員として、目標を達成することが期待されています。しかし、売ろうとしても売れないことはこれまでに何度も述べてきました。目標達成のためには、お客様との信頼という絆をいかにして強くするかが大切です。それによって自分のファン＝ブランドのファンをつくることができます。そのためには、販売員の仕事をしているおかげで知り合えたお客様1人ひとりに感謝して、興味・関心を持って接することがカギとなります。興味・関心のある相手だからこそ、「知りたい」と思い、「知ろう」とするのです。

最初はたとえ不自然でも、無理をしてでも、目の前のお客様に関心を持ってください。これが相手を信頼するうえで一番いい方法です。その際、お客様について次のように考えてみてください。

この人はどこから来てどこへ行くのだろう？　どんなおしゃれを楽しみたいんだろう？　もっとおしゃれできれいになるには、何が必要だろう？

そうすると、何を売ろうか、すすめようかと考える前に、そのお客様のことをしっかり知りたいと思う一流のマインドが芽生えていきます。会話を楽しむうちに、お客様のニーズやウォンツが見えてきます。

（2）承　認

名前で呼ぶ大切さ

接客には、承認がとても大切です。承認とは、相手を認めることです。声のトーンや笑顔で感謝の気持ちを込めた「いらっしゃいませ」の出迎えは、お客様に承認を伝える第一歩です。これができていないのに、「何かお探しですか？」と言ったところで、お客様をその気にさせることはできません。

承認は信頼と違って、具体的な行為として相手に伝えて示すことができます。たとえば、「○○様」と名前をお呼びするだけでも承認したことになります。ほかならぬ○○様が来てくれて本当にうれしいという気持ちを伝えるために、お客様を名前で呼びましょう。

新しいお客様でお名前がわからないときも、「ようこそ」の気持ちを込めて笑顔でもてなせば、お客様に「このお店に来てよかった。私はお客として認められた」という気持ちになっていただけます。

また、褒めることも相手を承認することです。その際は、商品を褒めるのではなく、その商品を身につけたお客様のいいところを見つけて褒めるようにします。

承認の働きかけ

次に、承認の事例を紹介します。まず、事例①と②を比較してください。

事例①　いらっしゃいませ。白のジャケットがとても素敵ですね。

事例②　いらっしゃいませ。白のジャケットと淡いブルーのパンツのコーディネートがお客様のイメージにぴったりで素敵ですね。

事例②は承認の言葉が入っているので、「あ、認めてもらった。私をちゃんと見てくれて褒めてくれた。私のイメージってどう見えているのかな」などと、会話のきっかけがつかめます。

事例①は承認の働きかけが一切ありません。素敵なのはお客様ではなく、白のジャケットだということになってしまい、せっかく褒めたつもりでも、承認には結びつきません。

また、承認するとは、お客様の要望をそのまま受けとめることでもあります。そして、その要望を満たす提案をします。

要望を満たすには、即商品ではなく、お客様の話を心で聞いて共有することがスタートです。お客様はどうなりたいのか、どうしたいのか、どんなことに興味があるのかを共有するのも承認の１つです。

承認することは、接客販売だけではなく、部下の育成にも共通した手法です。たとえば、目標を達成できなかった部下に対しては、「○○さん、お疲れさま。先月は目標にいかなかったけど、どうしてかな？」といきなり質問するのではなく、「○○さん、お疲れさま。先月は最後まであきらめないでがんばったね。あと少しだったね」と、まずはねぎらいの言葉をかけて部下の努力を承認してから、「あんなにがんばったのに、どうしていかなかったと思う?」と、問いかけます。すると、部下は前向きに客観的に自分を見つめることができるので、モチベーションが高まります。

(3) 尊重

違う考えを受けとめる

人は誰でも相手から尊重されることを望んでいます。人間関係をスムーズにするのにも、非常に役立ちます。尊重されれば、自分の価値を確認できて、「必要な存在だ」と自信が持てます。

お客様に必要な存在だと思わせることが目的ではありませんが、お客様の話に真剣に耳を傾けることです。相手の機嫌をとったり、気を遣いすぎることでもありません。自分と違う考えや価値観をも受けとめる感覚と言えるでしょう。

人間は誰でも、自分と同じ考えの人が好きです。異なった考えを持つ人は、自分の邪魔をする人、行く手を阻む人、面倒な人という感覚を持ってしまいがちです。

でも、どうでしょう。自分と全く同じ価値感を持つ人などいるでしょうか？　似ていても、少し違うというのが本当だと思います。ですから、違うところがあったら、「なるほど、そういう考え方もあるよね」「その角度から考えたことはなかったな」などの気づきを素直に受けとめるようにしてください。それが尊重のテクニックのスタートです。

相手の考えや想いを受けとめることと、受け入れることは違います。尊重とは、自分の意向に従わせることや相手に合わせることを目的とせず、相手の考えを受けとめて自分と違う意見でも素直に聞くことです。

そのとおりにするかどうかは別として、受けとめることでお互いに尊重し合うコミュニケーションが生まれます。自分のことも相手のことも否定しません。

会議などで意見が食い違うことも多々あります。そのようなときは、どの意見も全部正しいという前提に立ち、そのうちのどれを選ぶかという気持ちを持つだけで勝った負けたの構図を避けられます。

少し話がそれたので、接客における尊重に話を戻します。

尊重の事例

次の事例①と②は、お客様の意見に対する受け答えです。両者を比較してみましょう。

お客様：このジャケット、素敵だけど、若い人向けのデザインよね。私にはちょっと、派手すぎるわ……。

事例①：そうですか……。それなら、こちらはいかがですか？　あちらにも、もう少し落ち着いたものがございます。

事例②：そうですか？　お客様でしたら、素敵に着こなしていただけると思いますが、どのあたりがそのように感じられますか？

事例①は、お客様の不安をそのまま認めてしまっています。これは、お客様の話を受けとめるのではなく、そのまま受け入れてしまった例です。尊重したつもりかもしれませんが、実際はお客様の身になっていません。お客様の声を心で聞くと次のようになります。

この素敵なジャケットを私も着てみたい。でも、年齢的に人から見たら派手に思われるようで、それが心配……。それさえクリアになるなら、まずは試着してみたい。

お客様は自分のネガティブな考えを否定してほしくて、このように謙遜することがよくあります。それをあっさり、そうですねと言われたら、ガッカリを通り越して落ち込んでしまうかもしれません。私自身、何度も落ち込んだ経験があります。だからといって、「そのようなことはありません。大丈夫です」と言うのもよくありません。根拠のない励ましは、なぐさめにしか聞こえません。

大丈夫だということを伝えるためには、表現に工夫が必要です。まず、事例②のように答え、次に、「たとえば、今日お召しになっているようなフェミニンなスカートに合わせた場合、お客様のエレガントさがいっそう引き立ちます。派手ではなく、華やかな印象になります！」と、お伝えします。お客様の心配は取り除かれ、それならやってみようと、その気にさせることができます。

これとは逆に、お客様が「地味じゃない？」と質問してきたら、地味を「シック」に言い換えて、お客様の不安を取り除きます。お客様がネガティブな意味で使っている言葉をポジティブな言葉に言い換えるのです。このほかにも、「ありふれた」を「ベーシック」と言い換えることで、お買い上げに向けてお客様の背中を押すことができます。

もちろん、嘘はいけません。お客様が気に入ったものをどう着こなせばいいかを純粋に考えた結果を伝えることが重要です。根拠のない「お似合いですよ」の売り込みは禁止でしたね。

お客様の意向に合わせるということは、お客様の望みをかなえるということです。それに関する、私のお買い物体験を紹介します。

パンツを試着した際、どう見てもぴちぴちで食い込んでいました。

「ちょっときついから、もうワンサイズ上のをお願いします」

「そうですか？　私はこのくらい、気になりませんが」

お願いしているのにもかかわらず、この返事です……。販売員さんの感覚を押しつけられたような気分でした。もしこれが私のジャストサイズだと言うなら、もっとプロらしくアドバイスしてよ！　と思ってしまいました。

善意に解釈すれば、スキニーパンツなので本当にそういうはき方なのかもしれませんが、私の感覚は全く尊重されず、買う気が失せてしまいました。

＊　＊　＊

信頼・承認・尊重は３点セットです。キーワードは「お互いに」です。人間関係をスムーズにする手法であり、お客様を楽しませ、満足を超えて感動を与えることに結びつきます。何かがかみ合わないな、最近、うまくいかないないなと感じたときは、ぜひともこの３点セットを思い出して、どれかが欠けているのではないかと振り返ってください。無意識を意識に変えることで、今よりももっと仕事が、接客が楽しくなります。

ここでちょっと、休憩です。私がいつも自分への戒めと励みにしている言葉が３つあります。明治から昭和にかけての軍人、山本五十六の言葉です。

①　やってみせ　言って聞かせて　させてみて　誉めてやらねば人は動かじ
②　話し合い　耳を傾け承認し　任せてやらねば人は育たず
③　やっている　姿を感謝で見守って　信頼せねば人は実らず

すばらしいと思いませんか？「人」をお客様、友だち、部下、すべてに置き換えることができると、人生を倍楽しめると思うのは私だけでしょうか？

第2部 「一流」になるためのテクニック

第5章

コミュニケーションは人生最強の武器

1 コミュニケーションは感度が命

(1) 聞く感度

代わり番こに言葉を投げ合う

代わり番ことという言葉は、「交互に」とか「順番に」の意味で使われます。会話というコミュニケーションで必要なのは、まさに、代わり番こです。相手が話している間は、自分は聞くことに徹して話をしない。相手が話し終わったら、今度は自分が話をする。交互に話をするから、会話が成り立つのです。

会話はよく、キャッチボールにたとえられます。1人が言葉を投げかけて、もう1人がそれを受けとめ、言葉を相手に返す。言葉をボールにたとえているわけです。2人で同時にボールを投げ合っても、1人が一方的にボールを投げ続けても、キャッチボールにはなりません。また、相手が投げたボールを受けとめなかったら、これもキャッチボールにはなりません。会話というのは、代わり番こに言葉を投げ合い、受けとめ合うものなのです。

１人が一方的にボールを投げつけることを、私はドッジボールとかマシンガントークと呼んでいます。これではダメです。相手が受けとめ切れていないのに、どんどん言葉を投げつけたら、相手は当たらないように逃げ続けます。接客の場面だったら、お客様は怒って帰ってしまいます。

コミュニケーションギャップは、相手の話を聞くよりも、自分の話を優先したい気持ちのほうが強いときによく起こります。たとえば、最初は聞く側だったのに、人の話を聞いているうちに自分が言いたいことを思いついて口を挟んでしまうとか、話題を変えて人の話をとってしまったりします。ですから、まずは聞くことを大事にしてください。

無心で聞く

コミュニケーションでは、話を聞く感度と話す感性が求められます。感度よく相手の話を聞いて、自分の感性でものごとを伝えるわけです。

感度よく相手の話を聞くというのは、話を無心で聞くことです。もしも自分がこの人だったらと相手に自分を重ね合わせて、まるで自分が同じ体験をしてきたかのように、イマジネーションを働かせるのです。別の言い方をすると、人の話を聞いているときは、自分も話している人になりきって聞きます。そうする努力が大事で、それが人に対する思いやりに結びついていきます。

思いやりは、話す言葉や話し方を変えていきます。相手が受けとめやすい言葉を使うようになっていきます。たとえば、誰かを注意したり、叱ったりしなければならないときでも、がんがん相手を責めるようなことはせず、もしも自分が相手の立場だったらと考え、自分が言われたらいやだと思う言葉は使わず、素直に受け入れられる言葉を選んで使うようになります。そして、話し方も、自分ならこう言われたら素直に聞けるという話し方をするようになります。すると、ほとんどの場合、相手は耳を傾け、話を受けとめてくれます。そのうえ、感謝までしてくれます。

人の話は無心で聞きましょう。次に何を言おうか考えながら話を聞かなくても、無心で聞けたら、話すべきことは自然に浮かんできます。

聞き上手のポイント

人は誰かに話をするとき、必ず伝えたいことがあります。それが正しく伝わらないと、不安になってあせります。お客様にそのような思いをさせないために、話を聞くときは次のことも意識しましょう。

① 人の話をさえぎらずに最後まで聞く。
② 人の話をとらない。
③ 表情で理解を伝え、適度に相づちを打つ。

お客様のお話を聞くときは、アクティブリスニングです。そうすると、お客様は安心していろいろと話す気になります。また、話を聞いてくれたという満足感によって、今度はあなたの話を聞こうという態勢になります。

（2）話す感性

説得力を生む信念と情熱

私たちが話をする際は、お客様に耳を傾けていただくだけではなく、理解して行動していただかないと仕事になりません。そのため、私たちには話す感性も必要です。

人を動かす三原則に、「頭・心・体」があります。頭で理解して、心で納得しないと、体は動かないということです。つまり、私たちがどのような提案をしても、お客様に理解して納得してもらわないと、行動（購入）してもらえないということです。

理解してもらうには、わかりやすさが大事です。では、納得してもらうには、何が必要でしょうか？　私は、説得力が相手の納得を生むと考えています。そして、説得力は心から湧き出る信念と情熱から生まれると考えています。決して、饒舌なことではありません。

「信念」「情熱」というのに、何か熱いものを感じさせる言葉ですが、力む必要はありません。ただ、言いたいことをわかりやすく伝える努力を怠らないようにすればいいのです。

「わかりやすく伝える」ことは、理解してもらうために大切なことです。

「言いたいこと」というのは、たとえば、そのお客様にとって最適なコーディネートなど、お客様によろこんでもらうために言いたいことです。お世辞やセールストークなどではなく、信念を持ってそうだと言えることです。この想いが伝わるから、お客様も行動を起こしてくれるのです。信念から出る言葉は「受け売り」の言葉ではありません。自分の中から湧き出してくる「自分の言葉」です。

これをテクニックに落とし込むと、ポイントは次のとおりです。

①　自分が伝えたいことをまず自分がしっかり理解する。

②　耳ざわりのいい受け売りの言葉は使わず、お客様のことを想う心から湧き出す言葉を使う。

③　相手の年齢や趣味などに合わせた例題を使う。

そして、このテクニックを成立させるベースとして、信念と情熱を持つことが大事です。

ジェネレーションギャップ

ピアスに腰パンが流行った時代がありました。お尻の割れ目くらいまでズボンを下げて、チェーンをぶら下げて、ピアスを耳、鼻、おへそなど、顔や体のあちこちにしている男の子たちがいました。これは、そんなファッションを扱うブランドの研修をした時の話です。

研修室には私のほか、25人の若者がいました。約9割が男性の店長で、全員20歳代です。ファッションは当然、ピアスに腰パンです。刑事ドラマに出てきたら、誰もが犯人だと思うかもしれません（失礼！）。そのような感じの人たちが、私の前にずらっと並んでいました。

「はい、○○君、これについてどう思いますか」

私が受講生の1人に質問をしたときのことです。

「僕はこう思うんですよね、先生――」

そう答えた彼のしゃべり方は、舌っ足らずなレロレロした感じで、とても聞きとりにくいものでした。私は、あっと思いました。

「ちょっと、口を開けてみて」

彼が口を開くと、思ったとおり、舌の上に銀色の小さな丸いものが光っていました。

「なんだ、仁丹なめてるの。仁丹なめながらしゃべると、何言ってるか聞きとれない」

すると、彼はきょとんとした顔で、こう言いました。

「先生、仁丹てなんすか?」

仁丹とは、その昔（本当は今でもあります）、口の臭いを消したり、胃をすっきりさせたりするために噛んだ、小さな球体の薬のようなものです。銀色の仁丹が一般的ですが、グリーン仁丹や梅仁丹もあり、主に薬局で売っていました。今の商品にたとえると、薄いケースに入っているミント味のタブレットのようなものです。コンビニのお菓子のコーナーやレジの前によく置いてありますよね。彼らは全員、仁丹を知りませんでした。

実は、彼の舌の上にあったのは、銀色の仁丹ではなく、シルバーのピアスでした。私だってこの当時、舌にピアスをするファッションがあることを知っていましたが、それを仁丹だと思ってしまうのは、世代の違いからでしょう。

相手の世代に合わせて言葉を選ばないと、伝わらないんですね。年齢・世代の離れたお客様は大勢いますし、ライフスタイルも1人ひとり異なります。そのことを理解して、相手に寄り添った言葉遣いや例題を使わないと、相手の共感は得られません。いい勉強をさせてもらいました。

この男性店長たちは数年ののち、そのビジュアルからは想像できないほどのホスピタリティあふれる接客で大成功を収めました。彼らが「気づき」を自分のものにした結果です。

適切なたとえで聞く気にさせる

話をする際はまず、相手を聞く気にさせることが話す側のマナーです。そのためには、話したいテーマを明確にして、そのテーマを自分自身がしっかり理解したうえで、相手にとって身近な例題を用いて話すことが大事です。

たとえば、販売の際、パーティーにめったに行かない人に、「パーティーのときにいいと思いますよ」と言っても、「そんな生活送ってないので、私には必要ないわ」となってしまいます。パーティーによく行くお客様やパーティー用のものをお探しのお客様に言って、はじめて通じる言葉です。

また、「海や山に遊びに行くときにいいですよ」と言っても、海や山に遊びに行かない人もいます。たとえがずれていたら、なんの説得力もありません。そろそろ夏だからといって、夏休みに海ぐらい行くだろうという勝手な決めつけはやめましょう。「そろそろ夏休みですね。海や山にお出かけの予定はございますか?」と、仮説を立てて検証する――情報収集の基本です。

言葉遣いによる距離感

お客様には敬語で話すことが基本ですが、明らかにお客様が親しみを込めて話しているときは、あまりかしこまった敬語にならないほうがいいです。

たとえば、お客様が「これすごくきれいね」と親しみを込めて言ったとします。それに対して、こちらが「おっしゃるとおりでございます」と答えたら、お客様はどう感じるでしょうか？　お客様は、一線を引かれた感じがするはずです。

明らかに年下のお客様であっても、最初は敬語で話します。親しみやすさとなれなれしさは紙一重です。お客様になれなれしくするのもよくないのですが、慇懃無礼という言葉があるように、丁寧すぎてもかえって失礼な対応になってしまうことがあります。

お客様が心地よいと感じる距離感になる言葉遣いを心がける必要があります。

（3）共有と共感

価値観を押しつけない

お客様がお買い上げになる金額は、1人ひとり違います。その中でも、自分はお金をたくさん使っているお客様は、ほかの人より大事にしてもらいたいと思っているはずです。もちろん、私たちもそのお気持ちにお応えしたいと思っています。

では、なぜお金をたくさん使ってくれるお客様が大事なのでしょうか？　売上に貢献しているからだと考えているとしたら、いつまで経っても、売る人と買う人の関係のままです。私はそれに加えて、それだけたくさんのお金を使ったということは、それだけたくさんの商品を使って商品のよさを理解している、つまり、私たちと同じ価値観を共有しているから大事なんだと考えています。

価値観を共有するには、こちらの価値をお客様にわかってもらうだけでなく、お客様の価値観を理解することも大事です。私たちはプロとしての商品知識を持っていますが、それがどのお客様に対しても絶対だと思ったり、それをお客様に押しつけてはいけません。

素直な感想を聞く

私が美容部員だった時、お客様とよくこんな会話をしていました。

「この前のクリーム、すごく気に入ったわ」

「そうでしょ〜。どんなところがよかったですか？」

お客様がいいと褒めたら、必ずこう答えます。「そうでしょ〜」という同意と、「どんなところがよかったですか」という質問です。私に限らず、販売員であれば、自分が売った商品がどうよかったかは、だいたいの想像がつきますよね。しかし、こちらからそれを言ってはいけません。さまざまな効果があるなかで、お客様が使ってみて、どう感じたかがスタートです。仮に、こういうよさもあるはずなのにとか、そんなはずはないのにと思っても、決して口にしないでください。口にしてしまうと、お客様はそう答えないと悪い気がして、本当は違うのに、「そうね」と答えることがあります。さらに、もっとよくないのが、「ありがとうございます」と、お礼の言葉だけで済ませてしまうことです。

お客様がよろこんでいるのならまず、「そうですか〜。よかったですね。気に入っていただき、うれしいです」と、こちらもよろこびを伝えます。そして、お客様の感想を参考にしながら、お客様をさらにどう変化させればよろこんでもらえるかを考えれば、次に紹介する商品選びにつなげることもできるのです。

逆に、自分の見込みと違ってお客様が否定的な感想を言った場合は、お役に立てなかったという思いを込めて、「そうでしたか。申しわけございません」と、素直に受けとめてください。そんなはずはありませんと言って、理解を求めては（言い訳をしては）いけません。お客様がそう感じたのですから、どんなところがお気に召さなかったのか、どんな期待に応えられなかったのかなどを確認します。

化粧品の場合は特にそうかもしれませんが、販売員は使用後の感想がとても気になります。そのこと自体はよいことなのですが、そのためについ、肌もしっとりとしたでしょ？　お化粧ののりもよかったと思いますがどうですか？　というように、自分が期待した結果を確認して、お客様からYESを引き出そうとします。そうすると、お客様は気を遣って「そうね」と、実際には違っていても同意してしまうことがあります。お客様も違うとは言いにくいのです。

コミュニケーションは感度が命。お客様との温度差をなくし、波長を合わせるために、お客様が率直な感想を言えるように気づかい、それを素直に受けとめます。受けとめたら、それをもとにどうするのがお客様にとって一番いいのかを考え、提案をしてください。

2 クレーム対応

（1）クレームは悲しみの表れ

クレームのお客様は、自分の思いどおりにならなかったことを悲しんでいます。その悲しみを怒りとして表現しているのです。ですから、怒っているお客様を見たら、悲しんでいるんだと思ってください。そうすると、こちらの気分も落ち着いてきます。

販売員だって、頭にくることはあります。本当にひどい言い方をするお客様もいますから。でも、そこで怒っているお客様と対等になってはいけません。お客様は悲しんでいるんだと思ってぐっとこらえ、どうすれば悲しみが消えるのかを考えます。そして、もしも、自分が同じ目に遭ったらどう感じるだろうと、自分に置き換える癖をつけてください。

クレームの際にお客様が出す要望は、新品と取り替える、代替品と取り替える、お金を返してほしいなどがあるかと思います。これについては、ビジネスとしてできるかできないかをしっかり考慮して、対応を決めます。決して、言われるままに応じるものではありません。

解決策はこちらから提案します。自信を持って提案してください。提案もせずに、申しわけございませんの一点張りだと、お客様は、やっぱり自分は不幸な目に遭ったんだという気持ちが強くなっていき、それに応じて怒りも高まっていきます。

どんな人が来ても、たとえクレームでも、私たちは接客というツールを通じてお客様を幸せにして差し上げる義務があります。今、モンスタークレーマーという言葉があるように、明らかに「いちゃもん」である可能性も否定はできません。大事なことは、内容を正確に受けとめて判断する力を身につけることです。

（2）クレームの種類と対応

クレームには大きく分けて、①接客クレーム、②商品クレーム、③皮膚クレーム――の3つがあります。いずれのクレームの場合でも可能な限り、想定されるクレームについて事前に対処法を検討しておくべきです。その際、最初に承った販売員↓店長↓本社など、報告と指示を仰ぐ先のフローも作成しておくとよいでしょう。クレーム対応は、出た、来た、困った！　と慌てず、おそれず、お客様の声に耳を傾け、迅速に対応することが肝心です。

接客クレーム

接客クレームは、販売員の感じが悪い、いらないものを無理にすすめられた、レジを打ち間違えている、店の雰囲気が気に入らないなど、さまざまなものがあります。クレームは起こさないことが一番の対策なのですが、ついうっかりしてしまった場合や、気むずかしいお客様などによっても発生します。

対処法はクレームの内容やお客様の怒りの原因などによって異なりますが、基本はお客様の話を聞いて、こちらにどのような落ち度があったのか、なぜ不都合が起きたのか、何を反省すべきなのかを分析し、そのことについて具体的にお詫びします。そのうえで、今後どうするのかを話します。一番よくないのは、ひたすら「申しわけございません」だけを繰り返すことです。

こんな時こそ、「相手の身になる」ことが重要です。決して、そんなつもりはない、そんなはずはないという、保身に走らないでください。仮に、あなたが正しくても、お客様にとっての真実が重要なのです。お客様がそう感じたのですから、私たちがそれをとやかく言うことはできません。

お客様は、私の不満を正確に受けとめてほしい、ちゃんと聞いてほしい、私の怒りをわかってほしいと思っていると同時に、怒る自分、文句を言う自分を恥じています。私たちはお客様のそんな想いを察し、共有したうえで、対処法を考えなければなりません。それが、お客様と私たちの両者にとって有益な結果をもたらします。

そもそも、クレームは一部を除いて、お客様からの貴重なアドバイスです。クレーム転じて顧客となすという言葉があるように、私たちがクレームに対して適切な対処をすれば、お客様の怒りは静まり、逆に、また何かあったとしてもこの店なら安心だという思いに変わります。特に商品クレームは、そうなるケースが多いようです。

商品クレーム

商品クレームは、傷や故障、破損など、商品に問題があった場合に発生します。即交換するなど、お客様のご要望どおりにするだけがよい対処法ではありません。まず、問題の原因を明らかにしてどのような対処法が妥当かどうかを検討し、迅速に対応する姿勢を示すことが大切です。お客様のご要望が妥当であれば、そのとおりにします。そうでなければ、代替案を示します。

仮に、問題の原因がお客様の誤使用によるものであっても、自分たちを正当化してはいけません。私たちの説明不足だと反省して、お客様に正しい使用法をお伝えします。まずは受けとめる。次に速やかに対処する。これが正解です。言うまでもありませんが、正しい使い方、やってはいけない使い方について、販売する前に必ずお伝えすることが重要です。商品の渡し間違いは言語道断ですので、特に触れません。

皮膚クレーム

皮膚クレームは、化粧品などで肌に合わなかった場合によく起こります。他のクレーム同様に、まずは真剣にお客様の言い分を伺うことがスタートです。私たちの説明不足によるものなら、真剣にお詫びをし、すぐに皮膚科医を紹介するなど、少しでも早く元のお肌に戻して差し上げます。そして、完治するまでフォローを欠かさないことで、信

図表6　接客クレームの留意点

	注意事項	留意点
閑散時	● じっと立ってお客様を見ている ● 販売員同士で私語雑談をしている ● 「いらっしゃいませ」に笑顔がすぐに出ない	● 常に動きのある売場づくり ● 業務上の会話は小声でしない ● 笑顔のアイコンタクトで「いらっしゃいませ」
混雑時	● 待っている方への声かけがない ● 黙ってお客様の前を横切る ● 商品を雑に扱う	● お待たせしている方へのお声かけを怠らない ● 忙しい時こそ、声かけをふやして活気あるムードづくり ● 行動は機敏に商品は丁寧に扱う
開店直後	● 付帯業務や掃除に気をとられ、お客様に気づかない ● 販売員が不在になる	● 目配り・気配り・心配りを身につける ● 開店前の業務を見直し、常に1人は店内にいるように心がける
閉店間際	● 時計をチラチラ見てそそくさとした態度になる ● 片づけ業務に気をとられ、お客様に気づかない ● 「いらっしゃいませ」と言わない	● 閉店間際の方こそ、目的買いの方であることを意識して接客 ● 何時にいらしても明るい笑顔でお迎えする心がけ

図表7　商品クレームの留意点

	留意点と対処の仕方
不良品の交換・返品	● 販売する前のチェックを怠らない（お客様の目の前で確認する）
心変わりによる返品	● お客様の言い分を最後まで冷静に聞く ● 寛大な気持ちで聞く ● 商品が古い、お客様のわがままなど、明らかに返品できないものかどうか判断する ● できない理由を明確にしてもあきらめない方は、長時間粘られるリスクの回避も考慮する
サイズ交換 破損による返品	● 未使用の場合は速やかに応じる ● お客様のミスによる破損でも、返品に応じるメリットと断るリスクの両面から判断する ● 十分な会話をして、こちらの説明不足による誤使用かどうかも判断材料にする

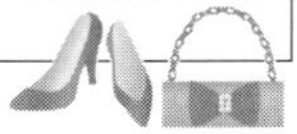

用回復につなげます。

化粧品かぶれの場合、軽いものなら、その化粧品の使用を中止するだけで治まる場合もあります（それ以上悪化しない）。商品に問題がなくても、お客様の体調によってトラブルが生じることもあるので、素人判断でアドバイスはしないほうが無難です。

クレーム対応はかなり奥深く、クレームに対する対応が悪いと二重クレームを引き起こすこともあるので、「初動捜査」ならぬ、「初期対応」が大切です。

（３）失敗したお買い物

商品に問題がなくても、お客様が買うんじゃなかったと後悔したような場合、そのことについて不満を言いにくるお客様がいます。このような失敗したお買い物の責任は五分五分だと私は考えます。たとえ、お客様がおひとりで選んで決めた場合でも、私たちがおすすめしたものとは違う商品をお客様が自分の意志で買った場合でもです。

ケースバイケースなのですが、基本は次のように単純に考えることです。
①　お客様は、私たちのお店で購入した商品に満足できなかったんだ……。

② でも、再来店してくださっているわけだから、そのことに感謝！

不満や不信を言いにきたとしても、わざわざ足を運んでくださったことへの感謝の気持ちで応対すれば、私たちの心がお客様に伝わります。そのうえで、不満のもとになっている原因を少しでも取り除くために、使い方やコーディネートの仕方など、有効なアドバイスをします。それによって、返品になるのが防げたケースも多々あります。

不良品でない限りは、ただ申しわけありませんでしたと謝るのではなく、プラスアルファのアドバイスをすることで、新たな発見があるかもしれません。お客様の不満の声は、それがたった1人の感想であっても、次のお客様の参考にするなどして活かします。「お客様の声」は大切に！

3 空気は読まないほうがいい

（1）ＫＹ恐怖症の人たち

時には読んだことを捨てる

接客販売の場で空気を読むということは、販売員がお客様の顔色やようすから、お客様の望みを「察する」ということになります。これでいいんでしょうか？

その答えは、ケース・バイ・ケースです。日本語には、「気持ちをくみとる（察する）」という言葉があります。相手が何かしてほしい、助けてほしいと思っていてもそれを言えないときなど、その気持ちをくみとってそれとなく手助けする。あるいは、心の傷になっているような話題については、相手の気持ちを察して何も聞かない。これは、空気を読んでいるのではなく、相手の身になっているのです。

しかし、プロの販売員がお客様に対して適切なアドバイスができないというのでは困ります。販売員としてお客様に伝えなければならない情報があるにもかかわらず、相手の顔色を窺って何も言えないのは、空気が読めるというよりも、単に頼りないだけです。接客の場では、いい人を装うあまり、空気を読みすぎて失敗したという話がいくつもあります。

もちろん、言うべき時、言うべき場、適切な言葉というものがあります。それをわきまえないと、変な波風を立てたり、人を傷つけてしまうことがあります。ですから、空気を読むなとは言いませんが、読み過ぎないようにしてください。時には、読んだことを捨てることも、信頼関係を築くためのコミュニケーションには必要だと思います。

空気を読むデメリット

①　自分の意見を言えない社会人

仕事をするうえで、相手に合わせるのではなく、プロとしてお客様のために自分がどうしたいかを考えることは、とても重要なことです。その過程で、あるいは、その結果、お客様が本当に望んでいることを引き出すことができれば、空気を読む必要はありません。

これは接客販売だけでなく、ビジネスを成功させるために重要なことです。自分の意思表示がしにくい場面というのは、社内のコミュニケーションや取引先との打ち合わせなどでもよくあります。相手が自分よりも立場が上の人だと、遠慮することだけが礼儀だと勘違いしたり、言うとおりにしないとあとが恐いと不安になったりします。しかし、全社員が上の人間に迎合しているような会社は、成長しません。それは、空気を読んで自分の未来を潰していると言っても過言ではありません。

自分の考えを押し通せ、という意味ではありません。意思表示ができないことが問題なのです。組織において、社員1人ひとりの主張は貴重な財産です。だからこそ、人から何と思われようがきちっと意思表示できる人は、敵もつくりますが、味方も多いのです。

それなのに、自分の意見を言わない人が多いです。会議などで話をするのはいつも同じ人、ほかの人はいつも話を聞いているだけ、ということがよくあります。空気を読んでいるつもりなのかもしれませんが、私に言わせれば、楽をしているだけです。自分がどっちについたら得なのかを計算している。まるで、海の中のわかめみたいにゆらゆら流れに任せている。

自分に答えがないときは、人の意見を聞いて考えをまとめることも大切です。でも、いつもそれで通用するわけではありません。何か問題が起きた際、他人のせいでは済まされないこともあるのです。

自主性を持ち、遠慮でなく「謙虚」な姿勢で臨みたいですね。

② これではもう被害妄想?!

接客の場面で考えてみましょう。あなたがすすめたスカートを見ながら、お客様が考え込むような顔で言いました。

「こういうスカート、私に似合うかな?」

あなたは似合うと思ったから、すすめたわけです。「はい」と返事をして、似合う理由を示し、着こなし方についてアドバイスをすればいいのです。

あなたが同意して根拠を説明すれば、お客様は「よかった」と気持ちよくお買い上げになります。仮に、だめなら、別のを探せばいいという余裕を持ってください。

あなたに限らず人は誰でも、相手を前にしたとき、無意識に空気を読んでいるものです。気に入らないのかな……。そんなことないですよと言ったほうがいいのかな……。

そのような不安が頭をよぎり、そのうちに、ここでダメならもうダメだという恐怖心が湧き起こってきます。そうなるともう、被害妄想です。だから、空気は読む必要はありません。読むのはお客様の想いであり、心です。

（2）プロの知識と経験は空気に勝る

プロだからこそお客様に試される

お客様の質問は、単なる事実確認のためにされるものではありません。そこには、プロとしてどんな答えをしてくれるのだろうという、期待が込められています。次の質問は、その典型的な例です。

「これ素敵なんだけど、このホック、引っかかりやすいんじゃない？」

このお客様が言っていることに間違いはありません。販売員を試すといっても、言いがかりをつけているわけではありません。だからといって、販売員が「そうですね。確かに引っかかりやすいです」とストレートに言うのは間違いです。そのようなことをしたら、お客様はせっかく気に入った商品を見つけたのに、「買うな」と言われたように感じてしまいます。

お客様が知りたいことは、引っかかりやすいという事実が自分にどのような不都合を与えるのか、それをどのように解決できるのか、ということです。

こういうときはまず、「確かに気になりますよね」と不安を共有します。次に、「インナーはどんなものを合わせたいですか」と伺って、「ブラウスやカットソーなど、表面が滑らかな素材なら問題はありません。ただし、ニットなどの凹凸のあるようなきめの粗い素材ですと、引っかけてしまう可能性は否定できません」と、お客様の不安に対して誠実に答えます（滑らかな素材を使ったインナーのコーディネート提案によって、プラスワンになる可能性も出てきます）。そうすることで、お客様は納得して、「じゃあ、いただくわ」と購入します。誠実に、親身になって、真剣に受けとめれば、自然とアイデアが浮かんできます。

お客様が商品を手にとって質問をするのは、その商品が気に入っているからです。気に入ったものを手にとって、買うかやめるか迷うのも、お買い物の楽しみの1つです。お客様は買う理由だけでなく、やめる理由も探しています。ホックの引っかかりやすさは買うのをやめる理由になるのか、ならないのか、プロの意見を求めて販売員に質問をしたのです。ですから、安直に「大丈夫です」と答えても、お客様は買いません。それだけではなく、あなたをプロだとは認めてくれません。

お客様は基本的に、「これ地味じゃない？　地味じゃなかったら買うわ」とか、「このホック、引っかかりやすいけど大丈夫？　大丈夫な理由がわかれば買うけど」とは言いません。たいての場合、「これ地味じゃない？」「これで大丈夫？」という言い方で質問をします。この質問の中に買いたいというサインが隠されているのです。それをお客様の身になって共有し、不安を解消して買わない理由を取り除き、買う理由を与える。これができるのがプロです。

ちなみに、空気を読みすぎると、お客様の買いたいサインを見逃してしまい、どう答えようかとおどおどしてしまいます。

プロの言葉

プロとしての言葉には、重みがあります。だからこそ、買う理由を与えたり、買わない理由を与えたりと、お客様の購買行動に影響を与えるのです。また、重みがあるからこそ、お客様はプロとしての言葉と事務的な言葉の違いを感じとるのです。

たとえば、「褒める言葉」と「お世辞」の違いをお客様は敏感に感じとります。褒める言葉というのは、その人にとってどこがどういいのかをきちんと見つけたうえで、本当にいいと思って出た言葉です。ですから、それを自分の言葉で説明できます。

お世辞というのは、その人にとってどこがどういいのかを見つけていないのに、褒めることです。「素敵ですよ」「お似合いですよ」は、誰にでも言えます。「おはよう」や「おやすみ」みたいなものです。

では、「黒のスーツが素敵ですね」というのはどうでしょう。これは、お客様を褒めたのではなく、スーツを褒めているだけです。お客様を褒めるためには、お客様に黒のスーツが似合う理由を見つけないといけません。

褒める言葉は具体的です。お世辞は漠然としています。たとえば、「温かくなった春の季節にぴったりな、ブルーの柄のネクタイがすごく素敵ですね」という言葉は、ブルーの柄のネクタイが春に合っているのであって、お客様にブルーのネクタイが似合っている理由にはなりません。

では、こう言ったらどうでしょうか。

「春の季節にふさわしいライトブルーのネクタイが、お客様のさわやかな印象とぴったり合って、とても素敵ですね」

これは、その人だけに向けられたメッセージです。ほかの人には通用しない言葉です。だから、お客様はそれが自分だけに向けられたメッセージだとわかるので、褒められたとうれしく感じます。

4 電話こそがコミュニケーションの基本
—顔が見えないメリットとデメリット—

（1）電話のメリット

真意が伝わりやすい

新製品のお知らせなどで、お客様に電話をすることもあるかと思います。電話は声の表情（トーンと速さ）と話の内容がすべてで、お互いに表情を読みとることができません。顔が見えないからこそ、相手の反応がわかりやすいのです。

たとえば、私は離れて暮らす母の体調を電話で判断しています。私は関西、母は東北に住んでいて、私が実家に帰ったり一緒に旅行をしたりと、ちょくちょく会っているのですが、ある時、母の元気な姿にだまされてはいけないことを知りました。母は私に心配をかけないために、元気なふりをすることがあったのです。

元気な母と別れた次の日、電話をしたところ、話の内容はいつもと変わらないのですが、母の声のトーンがいつもよりも低く、話すスピードがゆっくりだと感じました。話し好きな母は、いつもなら私と同時にしゃべり出して、「いいよ、先に話して」と譲り合うこともたびたびですが、それもありませんでした。私は不安になり、母にしつこく病院へ行くように言い続けました。

電話のあと、母は病院へ行ったのですが、血圧が200を超えていたそうです。それ以来、母は毎日、電話で私の健康診断を受けています。

電話で隠し事はできません。心が伝わり、何かあれば、相手に違和感を与えます。ですから、電話で上手な接客ができる人は、店頭ではもっとすばらしい接客ができるのではないでしょうか。どのような状況であっても、伝えるものは心や気持ちです。心地よい言葉や型にはまったうわべだけの気遣いではありません。

ただし、オレオレ詐欺などのように、電話だからこそだまされるということもあります。これは、話の内容に動揺して平静を失っていることが大きな原因です。

空気が読めない

電話では、空気を読み間違えることはありません。なぜなら、空気が読めないからです。これは、相手に対して先入観を持たなくて済むというメリットがあります。

一方、フェイス・ツー・フェイスだと、思い込みや先入観で相手を判断してしまうことがあります。どんなタイプかとイメージが湧いてしまい、仕草などから、声をかけられたくなさそうだ、話をするのが好きそうだなどと考えてしまいます。当然、当たりはずれがあります。お客様を前にして、そんなクイズをしてはいけません。

電話のメリットはほかにもあります。空気が読めないということは、相手に合わせすぎなくて済みます。また、話すタイミングが同時でも、お互いに気づかってどうぞと譲る心構えができているので、言葉のキャッチボールが容易にできます。聞くと話すのバランスがとりやすいのです。

沈黙を恐れない

対面の接客販売では、電話だとよほどのことがない限り起こらないようなことが、よく見られます。たとえば、相手に質問をして、その答えが返ってくる前に勝手に結論を出したり、違う質問をするなどです。

「お客様、ブルーはお好きですか？」

「そうね、あまり着ないかも……」

「では、ピンクはいかがですか？」

「う〜ん、ピンクもどちらかと言うと、あまり好きじゃないわね」

「それなら、このオレンジなら、お似合いになるんじゃないかと思うんです……」

「……」

このままにしておいたら、閉店まで1人でしゃべり続けそうな勢いです。こんなシーンを演じてしまった自分に、心あたりはありませんか？　お客様は考えているだけです。質問にムッとして、口をきくのがいやになったわけではありません。考えるときに、無意識に眉間にしわを寄せることだってあります。お客様の沈黙や表情の変化を恐れてはいけません。

電話の場合は、沈黙があっても慌てることはありません。沈黙があっても、相手の表情もこちらの表情も見えないので、いい「間」として扱うことができます。質問の答えをじっと待つことができるのです。これは、視界に入ってくる情報がないことによって、集中できるというメリットです。

（2）電話のデメリット

電話をかけるタイミング

電話にもデメリットはあります。いつ電話をすれば出てもらえるのか、話す時間があるのかわかりません。これだという解決方法はないと思いますが、相手のライフスタイルを知っていれば、大きくずれることはありません。主婦だったら、夕方5時以降は電話をしない。ＯＬなら、昼間は家にいないので、遅くとも午後7時くらいまでに留守番電話を入れておくなどです（ただし、ライフスタイルは変化するので、普段のコミュニケーションが大切です）。

お客様のライフスタイルは、商品をおすすめする根拠を与えてくれる必須情報です。

それがわからないということは、十分なコミュニケーションがとれていないということですから、それがわかるまでは電話をしないほうがいいでしょう。

また、ライフスタイルを知っていても、電話のタイミングが見つけにくいお客様もいます。そのような場合は、来店時に次のように確認しておきましょう。

「お求めいただいた商品の使い心地も気になりますし、こちらからお知らせしたい内容があるときは、お電話を差し上げてもよろしいでしょうか？」

いい返事をもらえるかどうかは、お客様しだいです。断られても、落ち込まないでください。確認をすることが大事です。その積み重ねがいずれ、信頼関係へと発展していきます。

仮に、断られたら、「そうですか。では、ご案内をしたいときはお手紙にいたしますね」と、別の方法に切り替えます（手紙も断られたら、あっさり引き下がります）。そして、お見送り時に印象に残る一言に心を添えて、また来てほしい気持ちを伝えて再来店を待ちましょう。時間をかけて信頼関係を築いていけば、いずれＯＫがもらえます。

電話とEメール

今は、新製品のお知らせやイベントの案内をするにしても、電話やＤＭのほかに、Ｅメールを使ってメルマガを配信する方法もあります。とても便利で有効な手段です。相手の都合に関係なく送信できるメールと、相手の都合に左右される電話を比較すると、圧倒的にメールのほうが便利です。

ただし、インターネットを使ったコミュニケーションは歴史が浅いせいか、思わぬ事件を招くこともあります。たとえば、ツイッターに「私髪を切ったの！　どう?」とつぶやいたら、「かわいくない?!」と返事があり、トラブルに発展してしまいました。

返事をした人は今風の表現で、「かわいくない？　かわいいよね！」というつもりだったようですが、つぶやいた人は文字どおり、「かわいくない（似合わない、おかしい）」という意味にとってしまったのです。微妙なニュアンスを伝えたり、即座に相手の真意を確かめられる電話では、考えにくいトラブルです。

電話もメールも、それぞれ一長一短があります。どちらも上手に使って、お客様といい関係を築きたいものです。

ちなみに、私の場合、相手の考えや想いを知りたいときは電話、連絡事項や合意で決まったことの確認だけならメールというように、一方通行で済むか、相互通行が必要かを基準に使い分けています。

電話でのNGワード

お客様が電話に出て、こちらが名乗ったあと、あなたは何と言いますか？

「今、ちょっとお時間よろしいですか」

これはNGワードです。あなたの言うちょっとと、お客様が感じるちょっとは、同じ時間ではないからです。お客様の中には、「ちょっと」と言って油断させるつもりかな、この人は話す気満々だなと誤解される方もいます。それこそ、「ちょっと忙しいんで」と、電話を切られてしまいます。もったいない……。

NGワードはほかにもあります。

「今、お電話、大丈夫ですか？」

私が電話に出てこう言われたら、「はい。うちの電話は元気にしております」と返します。「大丈夫トーク」ですね。「大丈夫」と「よろしいですか」をごっちゃにしないように気をつけてください。

電話がつながったということは、あなたとお客様のご縁がつながったということです。必ずお客様に用件を伝えられるように、事前にメモを準備しておきます。要件とその説明にかかる時間の目安をはっきりさせておくのです。

「○○の件でお電話差し上げたのですが、今、2～3分ほどお時間よろしいですか？」

お客様はたいてい、「あ、その件ね。そのくらいならいいですよ」と答えてくれます。

事前に確認したことによって、結果として5～10分話すこともよくあります。

電話は記憶に残らない

記憶に残りにくいことも電話のデメリットです。録音したり、メモをとらない限り記録に残りません。不思議なことに、顔を合わせてした約束は守ってもらえることが多いのですが、電話だと、「そのうちに行きます」とおっしゃったはずなのに、待てど暮らせどいつまで経っても来店されないなんてことがよくあります。「そのうち」がいつ頃なのか、顔を見て話すと確認しやすいのに、電話だとしつこくなりそうで、遠慮してしまうことがありますよね。お客様は販売員からの電話でメモをとることはまずありませんから、お客様は「そのうち」を約束だとは思っていないのです。

(3) 電話でつないだご縁を育てる

事前準備は必須

電話でつないだご縁を育てるには、「また会いたい」と思っていただけるような印象を残すことが大事です。

訪問販売でも、店頭販売でも「もう一度あの人に会いたい」「もう一度あの店を利用したい」と思わせることが、縁を結びます。ですから、第一印象と同じで、やり直しやフォローはできません。

たとえば、お店で書類を書いていて、お客様が来店されたのに気づかず、お客様に声をかけられるまで気づかなかったとしましょう。その時に、「お客様、ごめんなさい。私、うっかりしていて気づくのが遅れましたので、恐れ入りますが、もう一度、あちらから入り直してくださいますか。今度はちゃんと感じよくあいさつします」とは言えませんよね。

それと同じで、電話もせっかくつながったのだから、その一度を大切にしてください。電話をする前に、①お客様への質問、②自分が伝えたいこと、③結びの一番――の筋立てでシナリオをメモにまとめておきます。

結びの一番というのは、今日のまとめです。再来店を促すことが目的です。これは電話で交わした会話の中にネタが隠されているので、事前準備はできません。電話中にイマジネーションを働かせて、何を話すか決めていきます。私はお客様の話をメモしていました。

会話の割合は、電話でもお客様が7、自分が3を意識してください。お客様に7話していただけるように、電話の目的に合わせて質問を準備しておきます。そして、かける前に、もう一度テーマを整理して具体化させましょう。

結びの一番では、話ができてうれしかった気持ちを伝え、今日の続きは次回に話したい余韻を演出し、情報提供はおいしいところでやめておきます。もう少し話したい、聞いてみたいと思わせるテクニックは本当に難しいのですが、それを工夫するのがプロです。用件だけで電話を切るのはもったいないことです。

「先日お求めいただいたばかりなので、すぐに必要なものはないかと思います。でも、□□を身につけている○○様にお会いしたいので、ぜひ、またいらしてくださいね。私の今月のお休みは△日と▽日です」

そう伝えて、実際にご来店に結びついたケースはたくさんあります。

「しつこい」と「熱意」は違う

またお会いしたいという熱意は、お客様に伝えるべきです。ここで1つ、私の経験を紹介します。

百貨店の外商のお客様で、お顔を拝見したことのないまま数年間、電話で肌のカウンセリングをして、定期的に購入してくださったお客様がいました。扱っていた商品は化粧品だったので、お肌のチェックが必要なため、電話でお話しするたびにご来店をお願いしたのですが、返事はいつも、「私はお店には行かないタイプなの」というものでした。ですから、お肌の調子を伺うのも、アドバイスをするのも電話でした。

ある時、私が別の百貨店へ異動することが決まったので、そのごあいさつの電話をしました。

すると、後日、そのお客様が「髙橋さん？　私、○○です」と、突然、私の目の前に現れたのです。私は驚いたというよりも、一瞬にして感動の涙があふれてきました。お客様も目を赤くしていました。

「今までお世話になってありがとう」

お客様のその言葉に、私は「生きててよかった！」と思ったのをはっきりと覚えています。この仕事、販売員という職業を選んでよかった。４年もの間、何度お店に来てくれるように頼んでも、私が訪問したいとお願いしても、会うことのできなかったお客様が来てくれた。それもわざわざお礼を言うために。その感動を表す言葉は今でも見つかりません。絆という文字、感謝という意味、それらが深く心に刻まれ、今の自分を支えてくれたと言っても過言ではありません。これこそまさに、接客販売の醍醐味だと今でも懐かしく思い出し、それを励みにがんばっています。

おわりに

この本を書いていて、私を育ててくれた数々のお客様の顔が浮かんできました。お客様が今よりもっとキレイに輝いていく過程を見るのが楽しくてうれしくて、そのため真剣にアドバイスをして、それをまたお客様がきちんと実行してくださって……。いつの間にか、顧客の存在が挫折しそうになった私を支えてくれるようになっていました。

感謝×感謝＝絆なんだ！　ということを、お客様、そして一緒にがんばってくれた当時のチームメンバーに教わりました。店頭の現場に立って新たな出会いを楽しみたいという思いは、今も変わっていません。

自分がその店にいることで、見ず知らずの人にいきなり「こんにちは、いらっしゃいませ」など大胆に話しかけることができるなんて、販売員ってすごい仕事です。

お客様にとっても、新しいお店に入るのはちょっとした勇気が要るのではないかと思います。道を聞くとき、「聞きやすそうな人」を探して声をかけますよね。親切そうな人、このあたりに詳しそうな人など、選ぶ基準も自然とできていると思います。接客販売も、お客様にしてみれば、道を聞くときと似たような心理が働くのではないでしょうか？

そう考えると、私たち販売員は「素」ではいけないと思います。どこからどんなお客様がいらしても、常に「話しかけやすい人」を演じる女優や俳優になる必要があると思います。店舗という舞台で、お客様というゲストをもてなす……。それが、ようこそ！の笑顔だったり、思いやりのある立ち位置だったり、アプローチ言葉の工夫だったりするのではないでしょうか。

私は、これからもさまざまな方法を駆使して「販売の現場」を応援し続けていきたいと思っています。そして、未だにこの世界を極めたとは言えない自分をさらに高める努力を惜しまず行っていきたいと思っています。

最後に……。この本の出版にあたり、多大なご尽力をいただいた（株）同友館出版部長の鈴木良二さん。育った業界は違えども、私の思いに心から共感してくださった編集者の錦見裕哉さん。私の座右の銘「縁と運とタイミング」この3つがそろった絆が、またひとつ、生きるエネルギーになりました。月並みではありますが、この場を借りて心から御礼申し上げます。

髙橋　伸枝

■著者

高橋　伸枝（たかはし　のぶえ）

株式会社モードコンシェルジェ　代表取締役

ペンネーム：ナンシー髙橋

- パルファン・クリスチャン・ディオール・ジャポン株式会社にて新宿伊勢丹・日本橋三越などで美容部員、コーナーマネージャーを経て本社勤務となる
- 全国の取引百貨店の美容部員統括であるストアオペレーションマネージャーとして接客技術・販売テクニック・マネジメント教育・人材採用・販売管理の責任者を務める
- 香港他海外にてメイクアップアーティストとして活動並びにセミナー開催

- 20年間の経験を活かし、ヒューマンアカデミー株式会社モードスタイリング科にて学科長を務める
- 株式会社アイ・ディ・アクセスにて、ルイ・ヴィトン ジャパン株式会社グループの大手化粧品専門店セフォラのオペレーションマネージャーとしてOJT（入店教育）とOFF-JT（集合教育）・人材採用の活動を行う

- 2002年　ファッション＆ビューティ業界に特化して研修・ミステリーショッピングをメインに行うファッションビジネスコンサルタント業　株式会社モードコンシェルジェを設立
- 現在はファッション・コスメ業界専門のトータルソリューション　WMH（ワールド・モード・ホールディングス）グループとして研修・セミナー・リサーチ・マニュアル開発などを行う
- 独特の研修カリキュラムとロールプレイング手法はホスピタリティ接客スキルとコミュニケーション力・販売員のモチベーション向上・部下育成において好評を得ている

【専門分野】

■接客マナー　■顧客心理／販売テクニック
■ホスピタリティテクニック　■コミュニケーション／チームビルディング
■リーダーシップ／マネジメント　■コーチング
■目標管理　■モチベーション管理

2016年1月1日　第1刷発行

販売員は夢を売る！
～あなたの接客、おいくらですか？～

©著　者　髙橋 伸枝
発行者　脇坂 康弘

〒113-0033 東京都文京区本郷3-38-1
発行所　株式会社 同友館
TEL. 03（3813）3966
FAX. 03（3818）2774
URL http://www.doyukan.co.jp

落丁・乱丁本はお取替えいたします。
萩原印刷／松村製本所
ISBN 978-4-496-05171-5
Printed in Japan